Heide Engl

DAS ELTERN LÄSTER BUCH

Eine Mutter über wundersame Eltern,
verzogene Schüler und ihre Lehrer

BASTEI LÜBBE TASCHENBUCH
Band 60604

1. Auflage: September 2008

Bastei Lübbe Taschenbücher in der Verlagsgruppe Lübbe

Originalausgabe
© 2008 by Verlagsgruppe Lübbe GmbH & Co. KG,
Bergisch Gladbach
Titelillustration: © mauritius images/Ruth Botzenhardt
Umschlaggestaltung: Bettina Reubelt
Satz: Textverarbeitung Garbe, Köln
Gesetzt aus der ITC Souvernier light
Druck und Verarbeitung: CPI - Ebner & Spiegel, Ulm
Printed in Germany
ISBN 978-3-404-60604-7

Sie finden uns im Internet unter
www.luebbe.de
Bitte beachten Sie auch: www.lesejury.de

Der Preis dieses Bandes versteht sich einschließlich
der gesetzlichen Mehrwertsteuer.

Inhalt

Kann man Eltern hassen? 7

Die Täuschung der ersten drei Jahre 15

Die erste Konfrontation mit unfähigen Experten
(Kindergarten) 23

Die Grundschulzeit 31
   Die Macken der Kids 45
   Die Fehler der Eltern 57
   Anforderungen an Grundschullehrer 72

Das Gymnasium: bestes Beispiel einer
weiterführenden Schule 75
   Schüler- und Elternklientel am Gymnasium 77
   Elternträume – was Mütter und Väter erwarten ... 77
   Schülerwünsche – was Schüler von Eltern und
   Lehrern erwarten 89
   Lehrererwartungen – wie Eltern ihre
   Verantwortung wahrnehmen sollten 95
   Was Gymnasiasten bringen sollten 101

Schlusswort: Alles halb so schlimm! 115

Fragebogen für Eltern 117

Fragebogen für Jugendliche 120

Fragebogen für Lehrerinnen und Lehrer 123

Kann man Eltern hassen?

Die wenigsten Menschen hassen ihre Eltern, im Gegenteil, naturgemäß verhält es sich oft so, dass man die Eltern, die ja auch einiges für ihre Lieben tun, liebt. So sollte es auch sein: Ein Baby wird geboren, gehegt und gepflegt, geliebt, gefördert und gehätschelt; für die pflegenden, liebenden und fördernden Eltern empfindet das Kind Liebe und Dankbarkeit. Manchmal vergisst ein Kind, dass es Mutter und Vater liebt, weil es gerade mit Rebellion und Abgrenzung beschäftigt ist. Aber nachdem dieses pubertäre, unreife Verhalten überwunden wurde, findet das Mädchen oder der Junge meist zurück zu einer liebenden, verantwortlichen, innigen Beziehung.

Erwachsen geworden behaupten allerdings einige, wenn nicht sogar die allermeisten »Kinder«, dass ihre Eltern durchaus Fehler in der Erziehung gemacht hätten. Das kennen Sie sicher! Wir alle werfen unseren Müttern und Vätern irgendetwas vor: Sie haben uns zu viel oder zu wenig geliebt, gefordert, bestraft, erlaubt, gezwungen, geschlagen, gelobt, bestätigt, unterstützt, eingebunden, Pflichten auferlegt ... Wir alle werden jedoch – sofern wir irgendwann selbst Eltern werden – mit den gleichen Vorwürfen konfrontiert werden. Weil wir alle in jeder Beziehung Fehler machen! Das lässt sich nicht vermeiden und löst in aller Regel auch keine schweren Traumata aus. Auch (oder gerade) beim Versuch, **alles** richtig zu machen, scheitern wir und erziehen auf eine Art und Weise, die Tochter oder Sohn als falsch empfinden.

Wer streng erzogen wurde und dies als falsch empfand, wird vielleicht Regeln lockern und weniger Vorschriften machen – und später von seinen Kindern hören, dass genau das der falsche Ansatz war. Mütter und Väter, die die antiautoritäre Haltung der eigenen Eltern als Ursache erkennen, nie etwas – zum Beispiel die Schule – durchgezogen zu haben, werden als strenge, Regeln setzende Erziehende ein Verhalten an den Tag legen, das ihre Kinder für antiquiert und spießig halten. Wer das Erziehungsmodell der Eltern annimmt und imitiert, kann ebenso scheitern. Wenn Herr Müller-Meier-Schulze in tiefer Dankbarkeit von seinen Eltern spricht, die ihn zum Lernen gezwungen haben und notfalls auch mit harten Strafen zum Schönschreiben motivieren mussten, kann er – falls er dieses Erziehungsverhalten anwendet – vielleicht mit bitteren Vorwürfen rechnen, nicht auf die Bedürfnisse der Kinder geachtet zu haben!

Es ist also ziemlich offensichtlich: Alle Eltern machen Fehler, kein Erziehender erfüllt immer die Bedürfnisse und Erwartungen der Töchter und Söhne. Und das, obwohl die meisten Eltern wirklich das Beste für ihre Sprösslinge wollen.

Diejenigen, die in Gleichgültigkeit, Ignoranz oder Selbstverwirklichungsegoismus versinken, versuchen oft gar nicht herauszufinden, welches erzieherische Verhalten den Kids zugute kommt. Diese lieblosen oder überforderten Eltern können natürlich auch nicht mit der Dankbarkeit und Liebe ihrer Kinder rechnen; in solchen Familien kann es durchaus vorkommen, dass Antipathie oder gar Hass die Beziehung dominiert.

Doch solche familiären Beziehungsmuster sind die Ausnahme, weshalb man getrost behaupten kann: Die meisten Kinder sind ihren Erzeugern dankbar und lieben sie, manchmal mögen Kinder ihre Erzeuger nicht wirklich oder werfen ihnen Fehler vor, phasenweise steigern sich Kids in pubertäre Ablehnungsmechanismen hinein. Hass in der Eltern-Kind-Beziehung stellt jedoch die Ausnahme dar.

In diesem Buch geht es allerdings auch nicht um die Frage, ob und warum Kinder ihre Eltern hassen könnten. Vielmehr sollen elterliche Verhaltensweisen und Erziehungsmaßnahmen dargestellt werden, die Lehrer oder andere Eltern (und manchmal eben auch Kinder) nerven und deshalb Anlass zum Lästern bieten.

Wenn immer wieder die Lehrerinnen und Lehrer ins Kreuzfeuer der Kritik geraten, weil sie ihrem pädagogischen Auftrag nicht korrekt nachkommen, ist es höchste Zeit, an den erzieherischen Auftrag der Eltern zu erinnern! Und genauso, wie die »schlechten Lehrer« (die es zweifelsohne gibt) oft zum Maßstab werden, unpädagogisches Verhalten zu beleuchten, werden hier elterliche Verhaltensweisen und Erziehungszugänge gezeigt, die sicher ebenso wenig pädagogisch wertvoll sind. »Schlechte Eltern« sind deswegen nicht die Regel – aber »schlechte Lehrer« sind es ja ebenso wenig!

Ist dies ein Grund, über Eltern herzuziehen, zu lästern und damit vielleicht sogar Hass zu schüren? Hass bestimmt sicher in den seltensten Fällen die Beziehung von Lehrern zu Eltern und wäre auch unangebracht. Schließlich sollten alle vernünftigen Menschen auch bei Antipathien oder Unverständnis auf einer sachlichen Ebene miteinander umgehen können. Wohlgemerkt: Es geht in diesem Buch nicht um Eltern, die ihre Kinder vernachlässigen, schlagen oder irgendwie quälen, sondern um »stinknormale« Mütter und Väter, die sich bemühen, den Bedürfnissen ihrer Nachkommen gerecht zu werden.

Doch dabei betrachten sie oft ihre eigenen Wünsche als maßgeblich für das Wohl der Kinder, das heißt, sie erkennen gar nicht, welches erzieherische Verhalten sinnvoll ist. Das sehen sie selbst natürlich völlig anders – mit der Folge, dass sie gut gemeinte und sinnvolle Ratschläge von Pädagogen oder anderen Eltern nicht nur für überflüssig, sondern für unverschämt halten. Diese Ignoranz, das völlige Versagen objektiver Wahrnehmung und die damit verbundenen elterlichen Verhaltensweisen – auf Elternabenden, in Lehrersprechstunden oder auch im häuslichen Miteinander – nerven andere Beteiligte so sehr, dass sie diese Art von Müttern und Vätern einfach nicht länger ertragen können.

Auch ich kann Eltern nur schwer ertragen, die mit absonderlichen Vorstellungen und Erziehungsweisen nicht nur ihrem eigenen Kind den schulischen Weg erschweren, sondern oft die Kommunikation zwischen Lehrern und der Gemeinschaft aller Eltern verlangsamen oder blockieren. Davon abgesehen verhalten sich die Töchter und Söhne genau dieser Eltern– getreu ihrem Vorbild – in der Schule oft alles andere als angemessen und stören den Ablauf manchmal erheblich.

Zugegeben: Ich kenne wesentlich mehr »normale« Eltern, Kinder und Jugendliche als die in diesem Buch beschriebenen skurrilen, leicht verstörten Typen. Aber erstens wäre es langweilig, Normalität darzustellen, zweitens neigen fast alle Eltern (ich schließe mich da nicht aus) zu einer verklärten, einseitigen Sicht ihrer Sprösslinge, und drittens wird der Lehrerstand auch immer durch die Nullnummer-Exemplare dargestellt. Ein einseitiges, böses, übertreibendes Buch gegen Eltern schien mir deshalb dringend erforderlich! (Um die Objektivität halbwegs zu wahren, werden die Fehler der Schüler, aber auch die der Lehrer ebenfalls beleuchtet.)

Obwohl alle in diesem Buch beschriebenen Situationen wirklich passiert sind (die Namen wurden – auch meiner eigenen Sicherheit wegen – geändert), neige ich hin und wieder zu kleinen Übertreibungen bei meinen Schlussfolgerungen. Bevor Sie dieses Buch lesen, sollten Sie wissen, dass nicht alles todernst gemeint ist. Ich finde fast alle Schülerinnen und Schüler liebenswert (wenigstens die, die ich unterrichte), und auch die meisten Eltern verhalten sich meiner Meinung nach durchaus vernünftig. Aber wenn Sie lesen (und vielleicht auch schon erlebt haben), wie unvernünftig und gestört sich Menschen in und um Schule verhalten können, sind Sie ja vielleicht mit mir einer Meinung, dass es bedauernswerte Exemplare (Eltern, Schüler, Lehrer) gibt, mit denen wir lieber unsere Zeit nicht verbringen wollen. Wir wollen nicht auf dem Spielplatz mit ihnen reden, unsere Kinder nicht mit ihnen spielen oder lernen lassen, sie nicht auf Elternabenden erleben, nicht mit ihnen zur Schule gehen, nicht ihren wirren Reden lauschen, nicht ihre Hobbys kennen, nicht ihre Telefonanrufe annehmen ... wir wollen allenfalls über sie lästern.

Manchmal sind diese Menschen einfach nur einseitig oder dumm, einige sind frech, unverschämt und anmaßend, manche machen sich einfach etwas vor, und viele erfüllen ihre Pflicht nicht richtig: Sie erziehen gar nicht oder zu wenig (trifft auf Eltern und auf Lehrer zu), oder sie erweisen sich als unfähig, die normalen Anforderungen von Schule zu erfüllen (trifft auf Schülerinnen und Schüler jeder Schulform zu). Doch die Schuld liegt meiner Meinung nach zu 99 Prozent bei den Eltern, deren Selbsttäuschungsversuch oft schon beginnt, wenn die Schule noch in ferner Zukunft liegt.

Die Täuschung
der ersten drei Jahre

Die Täuschung beginnt unmittelbar, nachdem die Frau den Kreißsaal verlassen hat. Wohl jede Frau ist glücklich, die Strapazen der Geburt überwunden zu haben und das neugeborene Kind im Arm zu halten. Verklärtes Lächeln vonseiten der Eltern, die ihre Tochter oder ihren Sohn in diesem Augenblick für das allerschönste und großartigste Ereignis in ihrem Leben halten, erklärt sich aus dem verständlichen emotionalen Überschwang des Augenblicks und ist in keiner Weise (in diesem Augenblick) als Selbsttäuschung oder Lüge zu verstehen.

Nein, die allerersten Lügen oder Wahrnehmungsstörungen gehen von anderen aus: Familienangehörige und Freunde, die, um das kleine Glück der Eltern zu mehren, völlig glaubwürdig bei den ersten Besuchen beteuern, wie »süüüüß« doch die oder der Kleine sei. Es ist unbestritten, dass es wirklich hübsche Neugeborene gibt. Allerdings sind sie recht selten, Hunde- oder Katzenbabys müssten vor kritischen Augen jeden Schönheitstest (gibt es einen Indikator für »süß sein«?) eher bestehen. Die meisten Babys, die erst ein paar Tage alt sind, haben eine schrumpelige oder fleckige Haut, die umso mehr auffällt, da selten eine üppige Haarpracht von diesen kleinen Unzulänglichkeiten ablenkt. Aber bei der ersten Präsentation des eventuell schrumpeligen, fleckigen, schuppigen kleinen Wesens flötet fast jeder Besucher ehrfurchtsvoll: »Ach, wie süüüüß!« Und die stolzen, noch in der Verklärung des Augenblicks gefangenen Eltern glauben das in aller Regel natürlich.

Ebenso klar ist allen Beteiligten nach einigen Besuchen die Familienähnlichkeit; zwar ist noch nicht ausdiskutiert, ob der Nachwuchs eher nach Oma Klara, Onkel Christian oder einfach Mama oder Papa kommt, aber auf jeden Fall sieht man **gaaanz** deutlich, dass dieses supersüße kleine Wesen eindeutig nur aus der eigenen Familie kommen kann. (Natürlich war ich selbst nach der Geburt meines Sohnes auch der glücklichste Mensch auf Erden, die Emotionen, die in dem Moment überschwappen, wenn das Baby der Mutter in die Arme gelegt wird, sind wohl mit nichts anderem zu vergleichen. Nichtsdestotrotz zweifelte ich in den ersten Tagen nach der Geburt doch an den Aussagen meiner Besucher, die betonten, F. sei das süßeste Kind, das sie je gesehen hätten. Schließlich hatte ich Augen im Kopf, und beim gemeinsamen Stillen mit anderen Müttern blieb mir nicht verborgen, dass andere Babys durchaus einen milchkaffeebraunen Hautton und eine üppige Haarpracht aufwiesen. Während mein eigener Sohn eher picklig-weiß und kahlköpfig war. Aber na ja, über Geschmack lässt sich eben nicht streiten, oder?)

Normalerweise verlässt die Mutter nach einigen Tagen das Krankenhaus, um ihr »normales« Leben aufzunehmen. Dieses Leben weicht jedoch, vor allem wenn es das erste Kind ist, stark von dem früheren ab. Mama richtet ihren Fokus allein auf ihr Baby und alles, was es tut (was am Anfang erschreckend wenig ist). Und berichtet am Abend Papa (der von ihr auch jetzt immer öfter so genannt wird) über ihren Tagesablauf und die Fortschritte (hä???) des Kindes. Windeln wechseln, Stillvergnügen, Schlafrituale und ähnlich Atemberaubendes bestimmen die Gesprächsinhalte mit dem stolzen Vater. Bis hierhin sollte man den stolzen Eltern durchaus Verständnis entgegenbringen, was auch die neuen (und alten) Besucher weiterhin tun. Immerhin spricht jeder von uns über das, was er tagsüber macht, und ein jeder von uns braucht Anerkennung für das, was er leistet. (Ich selbst hatte am Anfang Mühe, meinen Freundinnen bei ihren Ausführungen über Karrieremöglichkeiten, Singleprobleme oder Beziehungsstörungen zu folgen. Schließlich war in **meinem** Leben eine viel größere Veränderung eingetreten, und die – durchaus zwiespältigen – Gefühle, die mit dieser Veränderung einhergingen, wollte ich allen mitteilen. Aber von Anfang an habe ich nicht nur aneinandergereiht, welche Aktionen ich tagtäglich durchführe, sondern auch eine Metaebene eingenommen: »Ist es die Bestimmung der Frau, Windeln zu wechseln und zu stillen?« Und erst recht habe ich meinen durchaus normalen Sohn nicht in den Himmel gelobt, weil er schon drei Wochen früher als andere durchschlafen konnte oder so **süüüüß** an den Zehen nuckelte.)

Nun weist ja geistiger Stillstand oder ein Innehalten des vorher vorhandenen intellektuellen Vermögens noch nicht auf eine Lüge hin, die ja normalerweise ein bestimmtes Ziel hat. Aber ein Ziel kann man bei den ersten Selbsttäuschungen durchaus schon entdecken: Da die Mutter selbst (im Augenblick) keine großartigen Leistungen vollbringt, muss der Fokus weiterhin auf den **unglaublichen** Entwicklungsschüben des Kindes bleiben. Und diese wiederum kommen letztendlich nur zustande, weil Mama so wundervoll erzieht und anleitet. Außerdem muss das eigene Kind – schließlich Resultat der genetischen Verbindung zweier überragender Persönlichkeiten – in irgendeiner Weise besser sein als die anderen. So bestätigt die Entwicklung des Kindes von Anfang an in zweierlei Hinsicht die Eltern: Sie machen alles richtig und sie haben diesem kleinen Wesen die besten genetischen Voraussetzungen mitgegeben.

Aus diesem Blickwinkel betrachtet ist alles, was das Würmchen macht, eben besser als die Aktionen der anderen, die höchstens »süße Babys« sind. Das heißt: Zu diesem Zeitpunkt sind vor allem die Mütter diejenigen, die sich selbst und anderen etwas vormachen. Sie berichten stolz, dass der drei Wochen alte Kevin schon durchschläft (Ich mache mein Kind so glücklich, dass es keine Nachtstillung braucht) oder dass die sechs Monate alte Julia schon ganze Sätze spricht (die aber niemand nur annähernd verstehen kann, außer den hochsensiblen Eltern, die auf Anhieb die sprachliche Begabung ihres Kindes entdeckt haben). Die Reaktionen des sozialen Umfeldes der Eltern bestätigen zu 90 Prozent deren Aussagen. Schließlich besuchen vor allem Verwandte und enge Freunde die Familie, die selbst bei berechtigten Zweifeln an der Hochbegabung des Kindes nicht die Beziehung zu den Eltern gefährden wollen.

Wenn man also die ersten drei Jahre einer Mutter betrachtet (gefährdet sind vor allem Mütter, die keine oder wenig Außenkontakte haben: weil sie nicht arbeiten, weil sie nur Eltern beziehungsweise Mütter kennen, weil sie sich mit ihrer Lobhudelei der Kritik anderer von Anfang an verschließen), kann in dieser Zeit der Grundstock für das gelegt werden, was eine rationale, begründete Einschätzung der eigenen Nachkommen lebenslang verhindert! Die Mutter sieht in allem, was »Herzchen« macht, immer nur das Positive: Wenn Marvin mit der Schaufel auf die Köpfe anderer Kinder schlägt, ist er eben selbstbewusst. Wenn Maya mit vier Jahren noch Windeln braucht, ist sie eben hochsensibel. Wenn der fünfjährige Sebastian keinen geraden Satz herausbekommt, liegt das daran, dass er motorisch so fit ist. Und die Personen, die diese Aussagen durchaus anzweifeln, trauen sich nicht, der stolzen Mama zu widersprechen oder verschwinden nach einiger Zeit (kurz vor dem Langeweiletod) aus deren Leben.

Oft sind übrigens die Väter ebenso vom Selbsttäuschungsvirus infiziert, aber in einigen Fällen sehen sie ihren Sprössling auch so, wie er ist: mit allen positiven und negativen Facetten, die jeder aufweist. Sie erkennen: Caro kann toll malen, wird aber nie ein Sportass. Christian kann sich super alleine beschäftigen, aber wenn er anderen etwas mitteilen will, braucht er doppelt so lange wie andere. Diese Väter jedoch ersticken Zweifel und Kritik im Ansatz, weil Mama (auch er nennt sie jetzt häufig nicht mehr beim Vornamen) bei kritischen Bemerkungen zur Superzicke mutiert und weil Männer oft den Weg des geringsten Widerstandes vorziehen.

So bleibt die kleine Familienwelt lange intakt: Niemand zweifelt daran, dass die eigenen Kinder intelligenter, motorisch weiter entwickelt und sozial verträglicher sind als alle anderen Kinder dieser Welt. Wenn jemand tatsächlich Kritik äußern sollte, ist er vermutlich unwissend und kann nicht mitreden (alle Nicht-Eltern), oder er ist neidisch (alle andere Eltern), vielleicht ist der Kritisierende auch einfach blind, taub, debil, zu alt oder sonstwie in seiner Wahrnehmung gestört, denn sonst müsste er erkennen: Dieses Kind ist einfach super!

Und so stellen sich nach den ersten fast störungsfreien Jahren nicht nur die Eltern mit der Einsicht in die besonderen Fähigkeiten des Nachkömmlings der bösen Außenwelt. Nein, inzwischen haben auch Klein-Steffi und Klein-Jens gelernt: Ich bin besser als die anderen.

Die erste Konfrontation mit unfähigen Experten

Schon bei der Wahl eines geeigneten Kindergartens spielen Ängste eine nicht unmaßgebliche Rolle. Klar, die Tagesstätte sollte in der Nähe liegen, damit es für Mutter und Kind möglichst bequem ist. Darüber hinaus wählt man jedoch auch die erzieherische Kompetenz, die der Institution zugeschrieben wird. Welche pädagogischen Grundwerte die Eltern für erstrebenswert halten, bestimmt in hohem Maße auch der bislang sichtbare Charakter des Kindes und der seit Langem manifestierte der Eltern.

Und das bedeutet: Die kleine, verspielte, sozial verträgliche, etwas ängstliche Sofia, die stundenlang wunderschöne Bilder malt und dabei stillvergnügt vor sich hinsummt, allerdings dafür sprachlich den anderen Kindern hinterherhinkt, passt doch wunderbar in einen Waldorfkindergarten (andere reformpädagogische Einrichtungen bieten sich hier natürlich auch an). Dort wird das gute Kind dann entsprechend gefördert, kann drei Jahre lang summend Bildchen malen, und Eltern und Erzieher klopfen sich gegenseitig auf die Schultern ob der riesigen Entwicklungsschübe der Kleinen (messbar beispielsweise an der Höhe des Bilderstapels oder an der Menge verfügbarer und erkennbarer Melodien).

Der dreijährige Thomas dagegen, der sich selbst das Lesen beigebracht hat und auch schon prima kopfrechnen kann, dafür aber mit seinem Spielzeug nichts anzufangen weiß und mit anderen Kindern auch nicht (es sei denn, man betrachtet es als sinnvolle Beschäftigung, das eben erwähnte Spielzeug auf den Köpfen der eben erwähnten Kinder zu zerdeppern), soll natürlich eine Kindertagesstätte besuchen, die sich der Förderung intellektueller Fähigkeiten verschrieben hat. Am Ende der Kindergartenzeit hat auch Thomas entscheidende Fortschritte gemacht: Er schlägt zwar immer noch wahllos auf Kinder ein, kann aber inzwischen den Wirtschaftsteil der Zeitung lesen und verstehen.

Nun haben nicht alle Eltern (und Kinder) das Glück, zwischen mehreren Kindergärten entscheiden zu können. Schließlich gibt es mehr Kinder als Plätze in den Einrichtungen. Außerdem vertreten (Gott sei Dank) die wenigsten Institutionen eine extreme und einseitige pädagogische Richtung. Und so muss in den allermeisten Fällen das Kind einfach die Tagesstätte besuchen, die in der Nähe liegt und in der ein Platz frei ist. Das ist in der Regel auch nicht schlimm, schließlich arbeiten fast überall fähige Erzieherinnen und Erzieher, die den Eltern wertvolle Tipps geben können und die bislang vielleicht einseitige Erziehung auszugleichen imstande sind. Oft aber empfinden die Eltern diese Tipps als anmaßend, unqualifiziert, pädagogisch nicht sinnvoll; schließlich bedeutet jeder noch so gut gemeinte Ratschlag, dass offenbar irgendwas nicht in Ordnung ist. Frechheit! Die Vorstellung, das eigene Kind habe Schwächen, die man gegebenenfalls korrigieren muss, wollen einige Menschen nun gar nicht wahrhaben. Und so kommt es oft zu Diskussionen mit den Erziehern. Oder aber, wenn Mama sich nicht traut, der Erzieherin gegenüber ihren Standpunkt zu vertreten, meckert dieselbe Mama abends, wenn Papa zu Hause ist, über die Unfähigkeit und mangelnde Sensibilität heutiger Kindergärtnerinnen.

Dabei handelt es sich in den meisten Fällen nicht um wirkliche Kritik an den Sprösslingen, die ja durchaus **normal** sind und dabei Stärken und Vorzüge, aber eben auch Fehler und Schwächen aufweisen. Vielmehr geht es jedem Erziehenden doch darum, kleine Unzulänglichkeiten auszugleichen – und zwar zum Wohl des Kindes.

Und so werden schon in diesem Stadium durch die Borniertheit einiger Eltern ausgleichende pädagogische Maßnahmen versäumt oder verhindert, die es dem Kind (und später den Lehrern) erleichtern könnten, Schule mit allen intellektuellen und sozialen Herausforderungen positiv, wenigstens aber objektiv wahrzunehmen und zu bewerten.

Beispiele habe ich selbst von zahlreichen Müttern gehört, die mir im Brustton der Überzeugung von der Unfähigkeit der Erzieherinnen berichteten. Den ersten Fehler machen die pädagogischen Mitarbeiter meist direkt am Anfang, indem sie nämlich Tipps geben, wie die ersten Verabschiedungen auszusehen haben. Wenn Mama gesagt bekommt, sie solle das Weinen ignorieren und besser direkt gehen, ist das in zweierlei Hinsicht ein Angriff: Erstens weiß Mama immer besser, was für ihr Kind gut ist, und zweitens ist Weinen nur ein Zeichen für Sensibilität, und das ist eine positive Eigenschaft! Rät man der resoluten Mutter eines weinenden Kindes jedoch, die ersten Tage langsam angehen zu lassen und zum Beispiel die tägliche Stundenzahl in der Einrichtung stetig zu erhöhen, ist dies ebenfalls in zweierlei Hinsicht ein Angriff: Erstens weiß Mama immer besser, was für ihr Kind gut ist, und zweitens ist Weinen ein Zeichen für Trotz, und das ist eine negative Eigenschaft!

Kindliche Verhaltensweisen, die besorgt stimmen könnten, treten gar nicht so oft auf. Nichtsdestotrotz wollen wir alle ja Kinder mit einem breit angelegten Verhaltens- und Gefühlsrepertoire, weil dies diese Kinder eher befähigt, später glücklich zu werden. Deshalb fördern die Erzieherinnen und Erzieher genau die Fähigkeiten, die (noch) nicht so ausgeprägt sind. Warum also reagieren Eltern auf diese pädagogische Richtungsweisung oft so pikiert?

Es ist doch nur gut, wenn der vierjährige Kemal, der aktiv, sportlich und temperamentvoll agiert, auch mal gezwungen wird, sich während der Vorlesezeit ruhig und konzentriert zu verhalten. Der pummeligen kleinen Nora dagegen, die am liebsten nur mit einem Buch in der Ecke sitzt und mit dem rauen Spielen im Freien nichts anfangen kann, tut die Zwangsstunde auf dem Spielplatz auch nicht schlecht. Schließlich weiß ja jeder, dass die Sport-Loser nie die beliebtesten sind, mal abgesehen vom gesundheitlichen Faktor.

Mein eigener Sohn neigte im Kindergartenalter zu – vorsichtig ausgedrückt – Bindungsproblemen. F. kam gut zurecht, war auch nicht unbeliebt, aber auch froh, wenn er nachmittags mit Mama allein zu Hause war. Am Anfang verabredete er sich nie, was ich als Gesellschaftsmensch bedenklich fand. Außerdem konnte er sich kaum allein beschäftigen, weshalb ich tagelang mit Lego spielen oder vorlesen musste. Tragisch? Sicher nicht. Ich lese Kindern durchaus gerne etwas vor (meinem eigenen erst recht), aber ich glaube, dass Freundschaften wichtiger Bestandteil eines glücklichen Lebens sind. Die Erzieherinnen bestätigten meinen Eindruck und unternahmen vormittags alles Mögliche, um F. zum Spielen mit anderen zu ermuntern. Meine eigenen Bemühungen tendierten in dieselbe Richtung, also luden wir (eher ich) immer wieder andere Kinder ein. Am Ende der Kindergartenzeit hatte F. seine zwei Freunde gefunden, Jungs, mit denen er sowohl im Garten toben, aber auch ruhigere Spiele machen konnte. Sicher wird mein Sohn nie der typische Gruppenmensch sein, der – schon allein, weil er so sportlich-aktiv ist – im Mittelpunkt des gesellschaftlichen Geschehens steht. Aber immerhin hat er dank der Bemühungen des fachlich geschulten Personals gelernt, sich in eine Gruppe zu integrieren und einen Freundeskreis aufzubauen. Deshalb war und bin ich dankbar für die Kritik, die die Mitarbeiter der Tagesstätte am sozialen Verhalten meines Sohnes anbrachten. F., der intellektuell durchaus fit war, hinkte sowohl motorisch als auch sozial den Gleichaltrigen hinterher. Und das konnte auch ich trotz meiner rosarot verklärten Muttersicht erkennen.

Doch viele Mitmütter wollen oder können die Schwierigkeiten ihrer Kinder nicht wahrhaben und widersetzen sich allen pädagogischen Maßnahmen. Dabei ist gerade in der Vorschulzeit eine »spielerische Manipulation« Erfolg versprechend. Mädels und Jungs, die introvertiert, schüchtern und gehemmt sind, lernen meist schnell, mit wem sie klarkommen. Zuerst muss man sie allerdings oft zu ihrem Glück zwingen. Doch wenn sie einmal gemerkt haben, dass man mit Maya, Philip und Kira schön spielen kann, gehen sie später auch von sich aus auf andere zu. Aggressive und anmaßende Kinder, denen zu Hause keine Grenzen gesetzt werden, merken im sozialen Miteinander der Tagesstätte, dass ihr Verhalten sanktioniert wird. Optimal läuft die Korrektur dieser unliebsamen Verhaltensweise allerdings nur, wenn im häuslichen Umfeld in dieselbe Richtung gearbeitet wird. In gemeinsamen Malstunden können Grobmotoriker (oft die Jungen) lernen, wie sie mit einem Stift (statt des Baggers) umgehen. Umgekehrt entdecken Stubenhocker vielleicht die Freuden des Im-Matsch-Spielens.

Sicher kann nicht jedes Kind alles lernen, und das muss ja auch gar nicht sein. Aber allein durch die Tatsache, dass Kind und Eltern aus der Familieninnensicht herausgehen, gewinnt man durch den vergleichenden Blick zusätzliche Erkenntnisse (wenn man es zulässt). Dazu kommt die Außensicht der Erzieher, die schließlich »Fachleute für Kinder« sind. Als Letztes schließlich können die Eltern allerhand über ihr Kind lernen, wenn sie darauf achten, bei welchen (und bei wie vielen) anderen Kindern es beliebt ist. So bieten die drei Jahre Kindergarten wunderbare Möglichkeiten, Kinder auf spielerische Weise zu fördern und zu fordern.

Doch oft werden diese Chancen von Eltern nicht gesehen, nicht genutzt oder vehement abgelehnt. Und dann kommen die Sechsjährigen in die Schule und sind überzeugt von der eigenen Klugheit, aggressiv anderen Kindern gegenüber, völlig unfähig sich zu konzentrieren, schüchtern bis ängstlich oder können nicht mal eine halbe Stunde lang ruhig sitzen. Eine denkbar schlechte Voraussetzung, um einer solchen Gruppe etwas beizubringen. Aber verquere Eltern geben die Verantwortung dankbar ab, selbst wenn sie diese Schwierigkeiten erkennen. Ab sofort schieben sie die Schuld, wenn die Kinder nichts können und lernen, auf die Lehrerinnen und Lehrer. Denn deren Aufgabe besteht darin, alle Versäumnisse auszugleichen und den Gören nicht nur angemessenes Verhalten, sondern auch Schreiben, Lesen und Rechnen beizubringen. Und zwar auf eine Art und Weise, dass die Kinder immer Spaß haben, bei allen beliebt sind und so viel lernen, dass sie am Ende wieder da sind, wo sie schon am Anfang hinhörten: Sie sind besser als die anderen Kinder!

Die Grundschulzeit

Erwartungsvoll und stolz, vielleicht ein wenig scheu und ängstlich stehen die Kleinen am ersten Tag mit ihren liebevoll gebastelten (oder doch gekauften?) Schultüten vor dem Gebäude, in dem sie die nächsten vier Jahre einen Großteil ihrer Zeit verbringen werden. Auch die Gefühle der Eltern sind zwiespältig: Obwohl auch sie stolz und erwartungsvoll sind (schließlich weiß man, wie klug das Mädel oder der Junge ist), erinnern sich einige vielleicht an unliebsame Erlebnisse aus der eigenen Schulzeit (und man selbst war ja nun auch alles andere als blöd!). Traumatische Erfahrungen mit cholerischen Mathelehrern oder sadistischen Sportlehrerinnen hat fast jeder Erwachsene im meist verdrängten Psychogepäck. Solche Erfahrungen würde man seinem Liebling natürlich gern ersparen. Also wappnet man sich vom ersten Augenblick an: Da ja jeder weiß, wie unfähig, unsensibel, bösartig und verschroben Lehrerinnen und Lehrer sein können, nehmen sich Mama und Papa schon am ersten Schultag vor, genau hinzuschauen, ob der Sprössling auch gerecht und angemessen behandelt wird.

Die ersten Wochen gestalten sich oft für die Kleinen aufregend, schließlich befinden sie sich in einer völlig neuen Situation. Doch da inzwischen ja ein langsames Heranführen praktiziert wird, haben die meisten Kinder anfangs keinerlei Probleme. Sie können zwar nicht mehr machen, was sie wollen, aber der spielerische Charakter überwiegt bei allen Aufgaben. Schließlich steht am Anfang immer noch die soziale Komponente im Vordergrund. Die Lehrerinnen und Lehrer wollen eine Atmosphäre schaffen, in der sich alle sicher und geborgen fühlen, denn das ist die Grundvoraussetzung für entspanntes Lernen. Und so müsste eigentlich auch der erste Elternabend entspannt verlaufen, schließlich sind die Schulneulinge fast ausnahmslos ganz zufrieden (was den Lernstoff anbelangt – Eingewöhnungsschwierigkeiten kommen durchaus vor). Doch schon beim ersten Zusammentreffen von Eltern und Klassenlehrer wird klar, welche Probleme und Uneinsichtigkeiten wohl in den nächsten Jahren auftreten werden.

Wir stellen uns jetzt die Elternschaft einer x-beliebigen ersten Klasse vor. Von den Eltern der 28 Schülerinnen und Schüler dieser Klasse sind erst einmal sechs Eltern gar nicht erschienen. Obwohl ich nicht glaube, dass man zu jedem Elternabend gehen muss, frage ich mich doch, welche Gründe es dafür geben kann, den **ersten** und vielleicht wichtigsten Austausch in einer solchen Runde zu versäumen? Okay, vielleicht hat Familie Cramer eine kranke Oma zu Hause, und Papa schiebt Nachtschicht, oder Familie Krause hat sechs Kinder und nun wirklich weder Zeit noch Lust, dauernd auf Elternabende zu gehen. Aber Fakt ist ja wohl, dass die Abwesenheit an einem solchen Abend nicht dafür spricht, dass die Eltern ein aktives und verantwortungsvolles Interesse an der Entwicklung ihres Kindes mitbringen. Vielleicht vertreten besagte abwesende Eltern aber auch die Meinung, dass die Entwicklung der Kinder sowieso in den Verantwortungsbereich der Schule gehört. Wer weiß das schon so genau?

Von den übrigen 22 Schülerinnen und Schülern ist mindestens ein Elternteil anwesend (bezeichnenderweise überwiegen schon hier die anwesenden Mütter, und im Verlauf der nächsten Schuljahre wird der prozentuale Anteil der anwesenden Männer – auch heute noch! – weiter abnehmen). Und vor uns sehen wir ein buntes Gemisch aus Nationen und sozialen Schichten, alle geeint im Gedanken, das Beste für ihre Kinder zu wollen. Übrigens klafft auch die Altersmischung immer weiter auseinander, sodass wir in dieser illustren Runde 25-Jährige neben 45-Jährigen finden. Grundsätzlich könnte man sich in einer solchen Multikultigeschlechtsundaltersmischung ja positiv befruchten, aber das würde ja wiederum den Blick über den Tellerrand voraussetzen. Und weiterhin haben viele Eltern nur das Beste für ihr eigenes Kind im Sinn, das ja auf jeden Fall die oder der Beste bleiben soll. Und genau hier liegt oft das Problem.

Neben der kaum Deutsch verstehenden türkischen Jung-Mama sitzt die deutsche Profi-Mutti, die jetzt schon ihr drittes Kind in den Ernst des Lebens begleitet. Der Chefarzt der Neurologie des Stadtkrankenhauses, der schon immer auf klassische Bildungsideale und entsprechende pädagogische Umsetzung abfuhr (»ein Klaps hat schließlich noch keinem geschadet«), betritt gleichzeitig mit dem Öko-Papi den Raum, der selbstverständlich seinen Job als Sozialpädagoge hinten angestellt hat und seine Kids versorgt (und die gemeinsame Freizeit damit verbringt, bei Doors-Klängen den VW-Bus für gemeinsame Trips ins Grüne zu restaurieren). Übertriebene Klischees? Sicher! Klar ist aber auch, dass die unterschiedlichsten Menschen mit den unterschiedlichsten Vorstellungen von »guter Erziehung« der Person gegenübersitzen, die ab sofort für alle Fehler verantwortlich gemacht werden kann: der Klassenlehrerin – die weibliche Form bietet sich hier an, weil männliche Grundschullehrer (leider) nicht die Regel sind!

Besagte Klassenlehrerin hat an besagtem Elternabend die unliebsame Aufgabe, sympathisch, offen und kompetent zu wirken (nenne mir ein Wesen, das den autoritären Chefarzt ebenso überzeugt wie den Alt-68er) und darüber hinaus ein paar inhaltliche Kleinigkeiten zu klären, die aber eher schul- oder bundeslandintern bestimmt werden.

Die gute Nachricht zuerst: Die meisten Grundschullehrerinnen sind wirklich nett, engagiert und sehr kinderbezogen (den Sadisten begegnet man meist erst in den weiterführenden Schulen). Die Eltern, die ja fast immer von ihren Kindern schon über die nette Frau Müller oder den tollen Herrn Schmitz informiert wurden, können also in den allerersten Minuten des Elternabends oft den Eindruck der Schüler bestätigen. Frau Müller beziehungsweise Herr Schmitz scheinen tatsächlich sehr offen, kompetent und sympathisch zu sein. Während also die Klassenlehrerin die einleitenden Worte spricht, selbstverständlich die Klasse lobt und berichtet, dass alle Kinder sich gut eingelebt und teilweise schon Fortschritte gemacht haben, nicken türkische, russische, deutsche und italienische Mamas ebenso wie Freak-Papas und intellektuelle, karrierebezogene Überflieger. Der Gedanke, dass das eigene Kind Fortschritte macht, bestätigt schließlich die eigene Ansicht! Da scheint es im Augenblick nebensächlich, dass andere Kinder angeblich dieselben Fortschritte machen.

Doch schnell gilt es, die erste Hürde von Verständnis- und Verständigungsschwierigkeiten zu überwinden. Man sollte meinen, dass Diskussionen über Sinn und Zweck von didaktischen und methodischen Maßnahmen anfangs kaum stattfinden. Weit gefehlt!

Ich selbst fiel beim ersten Elternabend meines Sohnes fast aus allen Wolken. Obwohl ich sicher eine engagierte Mutter und auch noch »vom Fach« bin, hätte ich mir niemals träumen lassen, dass zivilisierte, intelligente Menschen fast eine halbe Stunde lang heftigst über die Vor- und Nachteile der vereinfachten Ausgangsschrift diskutieren können. (Aber ich konnte ja auch Jahre vorher nicht über die Vor- und Nachteile bestimmter Windelsorten, des Stillens oder der Schnuller diskutieren; es lag also wahrscheinlich an meiner eigenen Blödheit!) Jedenfalls ergab sich an diesem Abend eine sehr kontroverse Debatte über die Schrift, die Kinder am besten im ersten Schuljahr erlernen. Mir selbst war bis zu diesem Zeitpunkt überhaupt nicht klar, dass es eine Alternative zur stinknormalen Schreibschrift gibt. Aber die Eltern, die schon mehrere Kinder durch die Grundschule begleiten durften, kannten sich natürlich aus. Und legten sich ins Zeug, aber wie! Als ich endlich den Unterschied zwischen diesen Schriften verstanden hatte, verstand ich dennoch nicht, wieso sich erwachsene Menschen über solchen Kleinkram dermaßen aufregen konnten. Ist es nicht egal, welche Schriftform die Kleinen zuerst lernen, Hauptsache, sie können überhaupt irgendwann mal schreiben, lesen und rechnen? Klar, es gibt sicher Argumente für beide Ansichten (in diesem Fall Schriftformen), aber man sollte doch das Hauptziel (gelungener Schulabschluss ohne ungesunden Stress) nicht aus den Augen verlieren, oder? Irgendwann wurde mir klar, dass es gar nicht so sehr um Grundsätzliches ging; vielmehr galt es, das vermeintlich Beste und Einfachste für das eigene Kind herauszuholen und die eigenen Werte in den Vordergrund zu rücken. Während also Frau Lang auf Kölsch argumentierte »Allso, für den Kävinn is dat ja escht schwierisch, weil där is ja Linkshänder, nä?« (wen interessiert das denn?), konterte Frau Dr. Siebenreich, dass die systematische Erlernung und perfekte Beherrschung des Stiftführens schließlich Indiz einer innewohnenden Disziplin und Feinmotorik sei (hä?). Und überhaupt sei es ja tragisch, dass die immens wichtigen (wofür?) Kopfnoten abgeschafft worden seien. (Heutzutage geht die Kritik sicher in die Richtung, dass die überflüssigen, nichts sagenden Kopfnoten wieder eingeführt wurden.) Zu diesem Zeitpunkt konnte ein aufmerksamer Beobachter und Zuhörer schon vermuten, dass Kevin gut Fußball spielt und von vielen (vor allem Jungs) gemocht wird, aber sich schwertut, ruhig zu sitzen und die Feinmotorik auszuprägen. Und die kleine Sarah Siebenreich, ein süßes, angepasstes, fleißiges, auf Anerkennung bedachtes Mädchen, würde mit viel Lernaufwand alles Vorgegebene lernen, zu kreativen Leistungen oder lustigen Streichen war sie nicht aufgelegt oder imstande!

Lassen wir mal dahingestellt, ob der erste Grundschulelternabend, an dem ich teilnahm, typisch war. Was Mütter (ich meine eigentlich: Eltern) auf jeden Fall immer wieder anbringen, sind die vermeintlichen Schwierigkeiten **ihres** Kindes (Kevin ist Linkshänder) und **ihre** persönlichen Ziele (Ordnung, Sorgfalt und Disziplin sind die angestrebten Werte). Und so müssen sich die anderen Anwesenden auf einem Elternabend stundenlang anhören, dass Sebastian zu Hause immer weint, dass Eva gerade ihren Opa verloren hat, dass Marco nicht lernen kann, weil sein Hamster gestorben ist, dass Lena wegen der Trennung der Eltern nicht ihren Namen schreiben kann ... Sorry, aber über solche Probleme (sofern es denn welche sind) kann ich mich mit Freunden oder einem Therapeuten unterhalten. Wenn mehrere Menschen zusammensitzen, muss ich doch in der Lage sein, Einzelschicksale zurückzustellen und mich auf das Hauptziel der gesamten Gruppe zu konzentrieren. Offenbar ein süßer Traum.

Versetzen wir uns nun einen Moment in die Lage der Klassenlehrerin, die durchaus bereit und fähig ist, sich auf verschiedene Bedürfnisse einzustellen. Ihr Job besteht allerdings vornehmlich darin, sich um die Bedürfnisse von Sechs- bis Zehnjährigen zu kümmern! Natürlich gehört es zum pädagogischen Arbeiten, die Eltern zu informieren und einzubinden, aber wenn die Erzeuger mehr Aufmerksamkeit brauchen als die Sprösslinge, läuft ja wohl irgendwas falsch. An einem Elternabend sollten die Klassenziele und Lernmethoden bekanntgegeben werden. Beispiel: Alle Schüler sollten am Ende des Schuljahres das Alphabet beherrschen, wir arbeiten mit dem und dem Buch, es sind vier Ausflüge geplant, wir organisieren eine Abschlussparty ... Ach ja, was natürlich auch nicht fehlen darf: Wir wählen die Pflegschaftsvorsitzenden (oder Elternvertreter).

Diese Tagesordnungspunkte müssten doch eigentlich ohne große Diskussionen abgehakt werden können. Aber schon bevor der erste Punkt angesprochen wird, nutzen manche Eltern die Gunst der Stunde, um das Problem *ihres* Kindes zu schildern und eine Grundsatzdiskussion anzuzetteln. Bei meinem ersten traumatischen Elternerlebnis hieß das Thema »Gleitzeit für die Grundschüler«. Sie finden diese Idee lächerlich? Mindestens die Hälfte der damals anwesenden Eltern war durchaus bereit, eine halbe Stunde ihrer kostbaren Zeit für ein anregendes Gespräch (gähn) über die Vor- und Nachteile dieses Modells zu opfern. Ausgelöst wurde die absurde Diskussion, weil eine überdicke, überbesorgte Übermutter mit Tränen in den Augen berichtete, dass der kleine Tobias gar nicht gut damit zurechtkäme, so früh aufzustehen. Er sei ja durchaus superschnell und superfit, aber morgens brauche er immer etwas mehr Zeit. Und im Kindergarten (wo der kleine Tobi auch erst gegen 10 Uhr aufschlagen musste) habe sich immer eine Kindergärtnerin eine halbe Stunde mit ihm alleine hingesetzt und gefrühstückt, damit der superschnelle Tobi auch den Tag (bis 12 Uhr) gut übersteht. Der folgerichtige Vorschlag der überdicken Übermama: Man sollte es doch den Kindern freistellen (wenigstens am Anfang), wann sie in die Schule kommen wollen! Ohne Worte.

Ich schildere Ihnen jetzt mal, was mir während des süßen Übermamamonologs einfiel:

1. Tobi ist wahrscheinlich fett, faul, verwöhnt und verweichlicht.
2. Wen interessieren Tobis Probleme? Mir doch egal, wenn der kleine Kerl aus dem Bett geprügelt werden muss.
3. Willkommen im Leben! Es heißt nicht umsonst, dass mit der Schule der Ernst des Lebens beginnt. Und die

Grundschule muss behutsam, aber sicher darauf vorbereiten, dass wir alle Dinge tun müssen, die nicht so angenehm sind. (Viele von uns würden gerne länger schlafen, es fragt aber dummerweise niemand danach.)
4. Warum über Dinge nachdenken (und diskutieren), die wir nicht verändern können? Keine Klassenlehrerin der Welt kann bestimmen, dass Schulordnungen und Regeln außer Kraft gesetzt werden.
5. Nur weil du, liebe überdicke Übermutter, lieber lange schläfst, müssen wir alle jetzt die Zeit mit einer solchen Schwachsinnsdiskussion verbringen!

Ich gebe zu, dass meine Gedanken alles andere als freundlich waren. Die Übermama und ihr überbehütetes Kind waren mir eigentlich egal. Ich hatte allerdings die Hoffnung gehegt, dass es an diesem Abend um Informationsaustausch ginge, und deshalb nervte mich allein die Tatsache, dass besagte Mutter mit ihren langweiligen Darstellungen und abstrusen Thesen den Abend in die Länge zog. Grundsätzlich bin ich aber ein freundlicher Mensch, äußerte in keiner Weise Unmut und ging davon aus, dass niemand auf diesen Schwachsinn eingehen würde. Wie naiv!

Gerade war die optimale Plattform geschaffen worden, um a) etwas über das eigene Häschen erzählen zu können und b) die eigenen Wertvorstellungen und Lebensentwürfe mal kurz in die Runde zu werfen. Und so erfuhren wir alle etwas über einige Klassenkameraden unserer Kinder. Und nebenbei erfuhren wir auch noch einiges über die Wertvorstellungen und das Sozialverhalten der dazugehörigen Elternteile.

Ela geht immer um sieben ins Bett, Rainer sitzt morgens eine halbe Stunde auf dem Klo, Elisabeth hat schlimme Albträume, Lorenz isst morgens nichts, Andrea kann nicht alleine einschlafen, Ayse springt schon um sechs Uhr morgens durch die Wohnung ... Auf die Gefahr hin, dass ich mich wiederhole: Wen interessiert das? Aber O.K., vielleicht haben diese ihr Sonnenscheinchen beschreibenden Eltern keine Freunde, denen sie all dies berichten könnten. Wir verzeihen ihnen also, schließlich begegnen wir Tag für Tag Menschen, die uns irgendwas erzählen, was wir gar nicht wissen wollen. Dabei handelt es sich wirklich nicht um einen typischen Fehler engstirniger Eltern!

Die Wertvorstellungen der Eltern, die sich in der Diskussion über die »Schülergleitzeit« widerspiegelten, fand ich – sozialkritisch betrachtet – viel interessanter als die Aussagen an sich (»Kinder müssen Disziplin lernen«; »Wer morgens nicht fit ist, lernt nie etwas«; »Kinder brauchen Freiheit und Spaß«; »Die kindlichen Bedürfnisse sollten das Lernpensum bestimmen«). Diskussionen über solche Fragen bestimmen auch die pädagogische und psychologische Fachwelt; einig wird man sich dabei nie. Muss man auch nicht. Viel interessanter ist die Frage, warum jemand eine bestimmte Einstellung hat. Und oft steckt der pure Egoismus hinter einer solchen Meinung! Entweder weil es dem Kind dient: »Der kreative Prozess ist wichtiger als die exakte Wiedergabe vorgegebener Lösungen«, unterstützt ein – vorsichtig ausgedrückt – nicht allzu intelligentes, konzentrationsarmes Kind in seiner Entwicklung. Oder weil es der eigenen Bequemlichkeit dient: »Die Ganztagsschule offeriert Kindern viele Entwicklungsmöglichkeiten im intellektuellen, sozialen und didaktischen Rahmen«, unterstützt die Mutter, die arbeiten und Karriere machen will und die Verantwortung für die Erziehung nur zu gerne an eine Institution abzugeben bereit ist!

Nebenbei bemerkt: Ich habe nichts gegen arbeitende Mütter, schließlich habe ich auch nur ein Jahr ausgesetzt und dann weitergearbeitet. Allerdings gebe ich deshalb noch lange nicht die Erziehungsverantwortung ab. Wenn mein Sohn schlecht im Rechnen ist, denke ich durchaus darüber nach, ob das an ihm liegen kann (vielleicht lernt er zu wenig, oder er ist in diesem Fach unbegabt). Vielleicht liegt es auch an mir (ich kümmere mich zu wenig um ihn, ich sollte mehr mit ihm üben). Nur wenn (fast) alle Kinder der Klasse schlecht rechnen können, ziehe ich durchaus die Möglichkeit in Betracht, dass der Lehrer den Stoff falsch vermittelt, zu viel von den Kids fordert, nicht erklären kann oder Ähnliches. Aber diese Fälle treten selten auf, fast immer gibt es Schüler, die den Stoff verstehen und beherrschen. Und diese Schüler sind nicht hochbegabt, sondern durchschnittlich intelligent. In diesem Fall kann es dann ja wohl kaum am Lehrer und seiner Methodenkompetenz liegen!

So, zurück zum Elternabend und zu den Aufgaben der Klassenlehrerin. Die sitzt – inzwischen wahrscheinlich ebenso genervt wie ich – mit all ihren hohen Zielen und ihrem einfühlsamen Engagement verzweifelt auf einem der Schülerstühlchen in der Runde und versucht, die Situation in den Griff zu bekommen. Bei unserem Elternabend war die etwa 25-jährige Frau Frings (frisch aus dem Referendariat) wirklich völlig überrascht und überfordert. Und ließ die unfruchtbare Diskussion erst mal eine halbe Stunde laufen. Vielleicht hätte eine erfahrene Lehrerin souveräner reagiert und diese Diskussion abkürzen können. Aber das hätte auf keinen Fall die Zufriedenheit der anwesenden Eltern gesteigert, die ja schließlich absichern wollen, dass die eigene Tochter oder der eigene Sohn das Beste geboten bekommt. Natürlich sitzen auch Eltern dazwischen (ebenfalls auf diesen unsagbaren Miniholzstühlchen), die es begrüßt hätten, auf der Sachebene weiter zu verfahren. Die erfahrene, allseits beliebte und anerkannte Lehrerin, die schnell die Tagesordnungspunkte abgrast, käme bei einigen Eltern sicher schnell in den Verdacht, wenig einfühlsam und zu sachbezogen zu sein. Schließlich würde sie sich sonst für die Einzelschicksale interessieren, oder nicht?

Ich erspare Ihnen weitere schauerliche Details dieses Elternabends. Nur einen einzigen Eindruck, der sich in den Folgejahren immer wieder aufs Neue bestätigte, möchte ich an dieser Stelle wiedergeben. All diese überengagierten, höchstmotivierten Eltern, die bei jeder noch so schwachsinnigen Diskussion über Schülergleitzeit und Schriftartenvorgaben mitmischen, versinken (wie in der Schule?) quasi unterm Tisch, wenn es darum geht, Aufgaben zu übernehmen. Bei der Frage, wer Protokoll führt, war ich noch arglos und interpretierte die »Wenn ich nicht gucke, sieht man mich nicht«-Blicke als Unsicherheit. Schließlich weiß nicht jeder, wie man ein Protokoll schreibt. Diese Aufgabe, die ich in den folgenden Jahren auch immer wieder übernehmen durfte, war ja für mich als Deutschlehrerin auch das kleinste Problem. Also klar, kein Problem, ich mache das. Bevor ich irgendeinen der deutschen Sprache nur begrenzt mächtigen Automechaniker in Verlegenheit bringe. Dass das Problem eher darin liegt, überhaupt **irgendetwas** zu machen, wurde mir erst später klar. Auch der Klassenpflegschaftsvorsitz ist so ein ungeliebter Job: Alle wollen mitbestimmen, keiner will dafür was tun! Bei der Frage, wer bereit ist, diesen Job zu übernehmen, sacken alle auf Erstklässlerniveau ab (physisch und psychisch). Auch die, die Minuten vorher noch ihr Interesse und ihr Engagement gezeigt hatten, indem sie stundenlang über Pausenbeschäftigungsstrategien und Spielplatzausstattungen Vorträge halten konnten.

Wenn Sie Kinder haben und sich mal einen solchen Elternabend angetan haben (und die meisten machen das am Anfang völlig arglos), kennen Sie dieses Vermeidungsverhalten sicherlich. Klassenkasse verwalten, die Schüler auf Ausflügen begleiten, Projekttage vorbereiten, Arbeitsgruppen leiten – nur wenige sind bereit, solche Aufgaben zu übernehmen. Das Einzige, was die Eltern meist fast ohne zu murren leisten, ist, Geld für besagte Unternehmen abzudrücken. Denn letztendlich ist dies die einfachste Art und Weise, das Gewissen zu beruhigen.

Zurückblickend auf die Grundschulzeit meines Sohnes kam ich mit einigen »Macken« in Berührung: von Eltern, von Schülern, aber auch von Lehrern. (Wir wollen ja nicht bestreiten, dass es auch unfähige Lehrer gibt.) Verhaltensweisen, die ich persönlich für unangebracht und auffällig halte. Viele dieser Macken werden Sie wiedererkennen, aber vielleicht sehen Sie manches ja völlig anders?

Die Macken der Kids

Lassen wir zunächst einmal dahingestellt, wer verantwortlich ist für die auffälligen Verhaltensweisen einiger Kinder. Tatsache bleibt, dass heutzutage einige Schüler Dinge sagen oder machen, die in meiner Generation niemand gesagt oder gemacht hätte. Das muss an sich nicht schlimm sein. Da es sich aber um Verhaltensweisen handelt, die den normalen schulischen Ablauf behindern oder beeinträchtigen und die Mitschüler oft verunsichern – und weil sie mittlerweile so weit verbreitet sind, das sie schon als üblich bezeichnet werden müssen –, möchte ich einige dieser Auffälligkeiten ansprechen.

Aggressivität

Eine gewisse Angriffslust bei Kindern und Jugendlichen halte ich durchaus für normal. So wie der Dreijährige mal ausprobieren muss, wie sich das Schäufelchen auf Peters Kopf anfühlt, proben die Sechs- bis Zehnjährigen, wie stark sie sind. Das haben wir alle auch gemacht. Prügeleien zwischen Jungs, das teilweise aggressive Ärgern der Mädchen, aber auch die meist eher verbal aggressiven Attacken der weiblichen Spezies gehören einfach zu einer gesunden Entwicklung. Schließlich müssen die Kids lernen, wo ihre Stärken liegen, aber auch ihre Grenzen erkennen. Dass dabei ein paar blaue Augen entstehen, ist wohl an und für sich nicht weiter beängstigend.

Die aggressiven Kids von heute gehen aber viel weiter. Wenn wir in den Nachrichten von Achtjährigen hören, die andere Kinder massiv unter Druck setzen, sind wir zwar geschockt, halten dies aber oft für das Phänomen einer sozialen Randgruppe. Wir glauben, dass diese aggressiven Verhaltensweisen ausschließlich in sozialen Brennpunkten entstehen. Natürlich kommen extreme Gewalttätigkeiten eher dort vor, wo Konflikte vorprogrammiert scheinen. Arbeitslosigkeit, das Zusammentreffen unterschiedlichster Kulturen und Werte, hohe Ausländeranteile in den Schulen begünstigen sicherlich die Gewaltbereitschaft. Die dahinterstehende hoffnungslose und einsame Haltung der Kids muss unsere Gesellschaft über kurz oder lang in den Griff bekommen – da hilft kein Werkeln an irgendwelchen Symptomen. Aber die Aggressivität, die ich meine, betrifft nicht die Ballungszentren sozialer Abgründe, sondern die windelweichgespülte Normalität einer stinknormalen Kleinstadtschule.

In der Grundschule meines Sohnes (geringer Ausländeranteil, viele Akademikereltern) hätte die Gefahr extremer Gewaltaktionen an sich ja gering sein müssen. Es gab auch niemals wirklich ernsthaft Verletzte. Aber selbst mein eigener Sohn, der nie zu den Kleinsten gehörte und ziemlich kräftig ist, betrat das Schulgebäude und den Klassenraum phasenweise nur mit Angst.

Das lag vor allem an zwei extrem auffälligen Mitschülern, deren unberechenbare Aktionen leider auch im Klassenraum stattfanden. (Kritische Bemerkungen gegenüber Lehrpersonen, die bei den Attacken entweder nicht anwesend oder aber nicht in der Lage waren, dieses Verhalten zu bremsen, verschieben wir auf später.) Von Marvin erzählten unsere Kinder anfangs nur leicht belustigt, dass er immer schreien würde. Auf Nachfragen hin ergab sich dann das Bild eines doch sehr gestörten Jungen, der sich allerhöchstens eine halbe Stunde lang konzentrieren konnte. Dann wurde ihm der Schulalltag zu langweilig, und er rannte im Klassenraum umher und schrie dabei. Dieses Verhalten änderte sich übrigens während der gesamten Grundschulzeit nicht maßgeblich! Das Einzige, was sich änderte, war die Toleranz der Lehrerin und der Mitschüler. Da sich die meisten irgendwann extrem gestört fühlten, wurde Marvin freundlich aufgefordert, sich hinzusetzen und den Mund zu halten. Offenbar fühlte sich der kleine Marvin dadurch aber zurückgesetzt und unverstanden. Und ungeliebte Kinder reagieren eben oft aggressiv. Also setzte sich Marvin nicht auf seinen Stuhl, sondern schnappte sich einen Stift und übermalte wütend die ersten Schreibversuche ordentlicher Mitschüler. Manchmal ging er auch mit einer Schere zu Werke und zerschnitt ein paar Hefte. Wenn er sehr frustriert war, schlug er auch schon mal zu – am liebsten schlug er Mädchen (vor allem die kleinen), manchmal auch die Lehrerin (im 3. Schuljahr auch deutlich kleiner als Marvin).

Ein weiterer Mitschüler meines Sohnes zeigte ähnliche Verhaltensweisen, allerdings nicht so oft und regelmäßig: Janosch war ein allseits beliebter Junge, der sich wochenlang völlig unauffällig verhielt, aber bei der kleinsten Kritik völlig ausrasten konnte. Wenn die Klassenlehrerin ihm beispielsweise vorwarf, er habe nicht ordentlich genug geschrieben, konnte auch der kleine Janosch ausrasten.

Wenn die anderen Kinder dann noch lachten, wurden sie angegriffen, bekamen Bücher an den Kopf geworfen, oder ihre Schulranzen flogen durch den Klassenraum. Wohlgemerkt: Diese Aktionen fanden während des Unterrichts statt!

Während der Pausen geschahen weit schlimmere Dinge. Viertklässler erpressten die Kleinen um ihr Pausengeld, Schulbrote wurden »geklaut«, Außenseiter wurden immer wieder verprügelt und gehänselt – und zwar sehr brutal. Mehrere Mädchen wurden zum Beispiel von einer »berüchtigten« Jungsclique mehrfach in die Biotonnen gesteckt. Es gab Kinder, die sich nicht trauten, alleine nach Hause zu gehen, aus Angst vor wirklich heftigen Prügeleien.

Jeder Erziehende kennt vermutlich ähnliche Fälle. Fakt bleibt, dass die Kids von heute sich deutlich aggressiver verhalten und weniger Respekt vor anderen zeigen. Auch vor den sogenannten Respektspersonen: Lehrern und Eltern.

Konzentrationsschwierigkeiten

Konzentriert auf den Bildschirm starren können sie alle, und das auch schon sehr früh. Bei den etwas langweiligeren Aufgaben versagen jedoch viele Schüler. Auch hier geht es nicht (nur) darum, die Ursachen für diese Schwäche festzumachen. Unsere bunte Medienwelt mag dazu beitragen, dass die Kids sich nicht mehr so gut konzentrieren können – Stichwort Reizüberflutung. Vielleicht liegt die Konzentrationsschwäche einiger Schüler auch darin begründet, dass sie zu früh zu viele Termine haben. Wenn ich mich nie langweilen darf, weil ich von Querflöte über Tennis bis zum Kreativitätstraining alles an »Förderung« mitnehmen soll, geht – gerade den Jüngeren – ein Stück innere Ruhe verloren.

Andere Kinder leiden unter akutem Bewegungsmangel und verbringen tatsächlich die meiste Zeit vor ihren Fernsehern, Spielkonsolen und Computern. Bewegung als Ausgleich ist aber nicht nur körperlich wichtig, sondern fördert die geistige Fitness und erhöht die Fähigkeit zur Konzentration. Dies alles wissen übrigens die meisten Eltern, weichen aber dennoch nicht von ihrem Erziehungsstil ab (Bequemlichkeit?). Und erwarten von den Lehrern, dass sie auf die Konzentrationsschwächen ihrer Zöglinge eingehen. Wie diese das bewerkstelligen sollen, verraten sie nicht (wie auch?). Denn wenn Lehrer ihre Erwartungen herunterschrauben und weniger Leistung fordern, erscheinen empörte Eltern leistungsstarker Kinder und verweisen auf PISA und fordern lautstark erhöhtes Lerntempo.

Klar ist natürlich, dass gerade in der Grundschule die Leistungen und intellektuellen Veranlagungen der Kinder weit auseinanderklaffen. Die schwierige Aufgabe der Lehrerin liegt gerade darin, einen Weg zu finden, der möglichst vielen Kindern gerecht wird, sodass alle in irgendeiner Form davon profitieren können.

Die Konzentrationsfähigkeit der Kinder von heute liegt jedoch oft knapp über dem Niveau einer wuseligen Spitzmaus. Viele können sich weder eine halbe Stunde auf eine vorgelesene Geschichte konzentrieren noch ein Bild ausmalen. Diese Schüler sind dann auch oft später nicht in der Lage, richtig zu lernen – zum Beispiel die Strahlensätze oder langweilige Lateinvokabeln. Wer immer beim Lernen Abwechslung und Spaß empfinden will, wird zwangsläufig scheitern. Und gerade die ersten vier Schuljahre bieten die Möglichkeit, Kinder dahin zu führen, das konzentrierte Arbeiten zu erlernen und die nötigen Erfolgserlebnisse zu bekommen.

Die Tatsache, dass wir inzwischen zig Lernschwierigkeiten benennen können, verhindert oft den strengen Zugang zum Lernen. Wenn ich weiß, dass mein Kind unter einer Lese-Rechtschreibschwäche leidet, fordere ich eben keine korrekte Rechtschreibung von diesem Kind. Andere Diagnosen tragen ebenso zu einer nachlässigen Haltung von Eltern und Lehrern bei. Kinder mit ADS, mit Neurodermitis, mit Depressionen, mit psychosomatisch bedingter Migräne dürfen nicht gestresst werden, also verlangen wir eben weniger von ihnen. Das ist ja durchaus in Ordnung, schließlich will niemand die Gesundheit der Schüler aufs Spiel setzen. Aber spätestens auf dem Gymnasium sollte man diese Rücksichten weitgehend außer Acht lassen. Völlig egal, warum ein Schüler nicht in der Lage ist, mit dem Lerntempo und bei den Unterrichtsinhalten mitzukommen. Es kann nicht die Lösung sein, intellektuelle Ansprüche runterzuschrauben. Vielmehr sollten die Schüler, die ganz offensichtlich nicht in der Lage sind, relativ gesund und stressfrei bis zum Abi zu kommen, eine andere Schulform besuchen. Und jeder, der nicht konzentriert lernen kann, gehört eben auf eine Haupt- oder Gesamtschule.

Sprachentwicklungsstörungen und Ausdrucksschwierigkeiten

Wir sprechen hier und jetzt nicht über wirklich sprachbehinderte Kinder. Es geht bei diesem Punkt um ansonsten völlig normal begabte Kids, die allerdings schriftlich und mündlich kaum einen korrekten Satz hinbekommen. Auch hier geht es nicht um Schuldzuweisungen oder Ursachenerforschung. Tatsache ist und bleibt, dass im Zeitalter der Kurznachrichten und Was-guckst-du-Sendungen offensichtlich alle Jugendlichen dazu neigen, Sätze zu verunstalten.

Der erste Unterschied zwischen der heutigen Generation und früheren besteht darin, dass schon die Allerkleinsten ein schier unerschöpfliches Repertoire an Schimpfwörtern besitzen. Ich persönlich finde es überhaupt nicht moralisch verwerflich, wenn Kindergartenkinder entdecken, dass sie bei der Verwendung von Wörtern wie »Pappnase«, »Blödmann« oder auch »Arschloch« bei Erwachsenen entsetzte Reaktionen hervorrufen. Dass die Kids dann phasenweise jeden Satz mit den »bösen« Wörtern schmücken, liegt auf der Hand. Aber die Beschimpfungen, die man heute von Kids hört, sind bei Weitem härter. Als »Schwanzlutscher«, »schwule Sau« oder »Billignutte« bezeichnen die kleinen Engelchen irgendwen, den sie nicht mögen. Am Anfang (also in der Grundschulzeit) allerdings ohne zu wissen, was sich hinter diesen Ausdrücken verbirgt. Nichtsdestotrotz halte ich diese Sexualisierung der Beschimpfungen für bedenklich.

Mein Sohn und seine Freunde benutzen viele Ausdrücke, die ich nicht kenne oder in anderen Zusammenhängen benutze. Das finde ich in keiner Weise alarmierend; schließlich sprechen Jugendliche anders als Erwachsene. Und ein »voll fett« oder ein »voll krass« gefällt mir zwar weniger als »großartig« oder »genial«, aber diese Geschmacksunterschiede kann man schlicht und ergreifend auf Generationsunterschiede zurückführen. Dass aber alles, was »scheiße« ist, als »schwul« bezeichnet wird, leuchtet mir nicht ein. Aber O.K., vielleicht bin ich als Deutschlehrerin überempfindlich, oder ich leide bereits an Altersstarrsinn. Lassen wir also die Beschimpfungen beiseite und wenden uns der Alltagssprache zu.

Sobald die Kleinen die Schule besuchen, erwartet das Umfeld, insbesondere die Eltern, dass sich schnell Erfolge einstellen, vor allem im Lesen und Schreiben. Rein motorisch machen die Kids auch in der Regel schnell Fortschritte. Sie malen wunderschöne *A*s oder *D*s in ihre Hefte. Beherrschen sie aber erst mal fast alle Buchstaben, stellt sich bei vielen Eltern ein Schock ein, wenn sie die ersten »Texte« ihrer Kleinen lesen. »Main Froint is ser lib« schrieb mein Sohn stolz als ersten Satz. Vielleicht habe ich zu hohe Ansprüche? Aber eine Pädagogik, die Kindern da Freiheiten lässt, wo es sie nun mal nicht gibt (in diesem Fall bei der Rechtschreibung), finde ich nicht vereinfachend, sondern verwirrend. Das bedeutet, die Kritik geht in diesem Fall eindeutig in Richtung Lehrer beziehungsweise Lehrmethoden. »Nutzt aber nix«, denn unter den Spätfolgen leiden die Kinder selbst und später auch die fast verzweifelnden Lehrer und Eltern. Wer trägt die

Schuld an diesem Dilemma? Sicher nicht die Schüler, die ja jahrelang schreiben dürfen, wie sie wollen, ohne dass sie jemand korrigiert! Zwar gibt es durchaus Schüler, die irgendwann die deutsche Schriftsprache beherrschen, entweder weil sie viel lesen oder Eltern haben, die sie unterstützen. Aber es kann ja wohl nicht sein, dass die Verantwortung eines korrekten Sprachgebrauchs allein im häuslichen Umfeld liegt!

Bei meinem Sohn gab es im sprachlichen Bereich (trotz des irritierenden Anfangssatzes) keine Probleme. Das lag aber daran, dass für ein Kind in einem Umfeld, das von und mit Sprache lebt, kaum Probleme entstehen können. F. wuchs in einem »Bücherhaushalt« auf, sodass er von Anfang an viel las. Außerdem wurde er natürlich (die armen Lehrerkinder) unerbittlich verbessert, wenn er falsche Sätze bildete. Also konnte da kaum etwas schiefgehen. Andere Kinder aber, die vielleicht – auch aufgrund der Vorlieben und Begabungen der Eltern – dieses Umfeld nicht besaßen, konnten sich nur dann sprachlich weiterentwickeln, wenn sie eine sehr hohe Motivation oder eine besondere Begabung besaßen. Da aber die meisten Kinder in ihrer Freizeit lieber fernsehen oder im Garten spielen als ihr Deutsch zu verbessern und da die meisten Eltern nicht einsehen, dass sie nachmittags noch stundenlang mit Sohn oder Tochter üben und dabei Fehler verbessern, die oft in der Schule nicht geahndet werden, ist die schulische »Sprachausgangsbasis« für die Kinder nur »suboptimal« (übrigens auch eins meiner Lieblingswörter). Tatsache bleibt, dass nach der Grundschule nur wenige Kinder orthografisch und grammatisch richtige Sätze bilden können. Aber vielleicht sind dafür ja die weiterführenden Schulen geeignet? Vor allem die Gymnasien? Doch dazu später!

Eine weitere irritierende Sprachbesonderheit heutiger Kinder und Jugendlicher liegt in der Benutzung aller nur denkbarer Abkürzungen, die möglich sind. Dies geschieht zum einen schriftlich: Abkürzungen mögen die Tipparbeit erleichtern. Wenn den Schreibenden (und Lesenden) jedoch nicht mehr klar ist, was mit cu, hdl, lG und stfu oder rtfm gemeint ist, scheint der Sinn des Ganzen verfehlt. (Die letzte Abkürzung rtfm musste ich mir von meinem Sohn erklären lassen: Beim Chatten erhielt er auf die Frage nach irgendeinem Computerspiel nur diese vier Buchstaben als Antwort und konnte damit erstaunlicherweise auch etwas anfangen. Er erklärte mir dann – nicht ohne die Augen ob meiner unglaublichen Unwissenheit zu verdrehen –, dass diese Buchstaben bedeuten: read the fucking manual! Hä? Lies die Betriebsanleitung, Erklärung oder was auch immer.) Hierbei kommen noch drei weitere Unsitten zum Einsatz:

1. der Einbau der f-Wörter (deren Sinn ich in diesem Zusammenhang nicht ganz verstehe, schließlich wäre die inhaltliche Aussage ohne f-Wörter kein bisschen anders – nur eben nicht ganz so »cool«, was in diesem Fall gleichbedeutend mit »stillos« ist);
2. die Anglizismen, also die Ableitungen aus dem Englischen. Warum müssen wir immer mehr englische Ausdrücke benutzen, wenn es dafür doch ebenso treffende deutsche gibt? Es könnte doch auch wun-

derbar abgekürzt werden: ld(v)b (Lies die [verdammte] Betriebsanleitung) Oder man schreibt den Satz – wie wir früher in den Briefen – sauber formuliert aus;
3. die völlige Ablehnung der Regeln der Groß- und Kleinschreibung (denn nicht nur bei der Verwendung der Anglizismen wird konsequent klein geschrieben, sondern eigentlich immer: wenigstens in SM (es wissen auch viele nicht, was diese Abkürzung bedeutet) und E-Mails. (Kleine Randbemerkung: Ich habe bewusst SM und nicht SMS geschrieben. Nicht weil ich auf die Nähe zu Sado-Maso aufmerksam machen will, sondern weil man nur eine »short message« schreiben kann. Nutzen kann man allerdings den Service derselben. Dies nur als Hinweis darauf, dass auch wir Erwachsenen vor dem falschen Sprachgebrauch einiger [englischer] Ausdrücke nicht gefeit sind.)

Abgekürzt wird aber auch in der gesprochenen Sprache. Hierbei leidet allerdings eher die Grammatik. Fröhlich lassen die Kids Satzteile oder Endungen weg, sodass sich Unterhaltungen oft anhören, als lebten alle Beteiligten seit höchstens zwei Jahren in Deutschland. Die Schwierigkeiten, die Ausländer oft mit der deutschen Sprache haben, werden locker adaptiert. Die Beispiele, die mir einfallen, enthalten allerdings auch wieder Beschimpfungen (vielleicht liegt hier ja das Übel?!). Wenn ich morgens mit vielen Schülern zusammen die Bahn benutze, fällt immer wieder dieses »Brocken-Deutsch« auf. Ein typischer Dialog von drei Zehnjährigen, die gemeinsam auf einen Gameboy starren: »Geil! Pokémon?!« – »Jau.« – »Level?«

»4, ey.« – »Opfer!« – »Aufs Maul?!« – »Ey, Alter, guckst du!« – »Boooaaah, fett.« (zweistimmig) »Fuck!!! Is' an'n Arsch!!!«

Dieser interessante Dialog ließe sich noch unendlich fortsetzen. Sicher ist es auch für uns Erwachsene nicht schwer zu verstehen, was diese reizenden Kinder sagen wollen. Das Problem sehe ich eher darin, dass es einigen schwerfallen wird, umzuschalten auf »Hochdeutsch« und »korrekte Grammatik«. Wenn ich den ganzen Tag nur in grammatischen Krüppelsätzen kommuniziere, wird das in der Schule geforderte Sprachvermögen zunehmend zur anstrengenden und lästigen Aufgabe.

Zusammenfassend lassen sich die Hauptmacken der Kids wie folgt beschreiben: Ein durchschnittlicher Viertklässler zeichnet sich dadurch aus, dass er nicht sonderlich belastbar ist, weil er unter diversen psychosomatischen Erkrankungen leidet. Die auch alle diagnostiziert werden müssen! Deshalb können die meisten Grundschüler sich auch nicht konzentrieren, sodass sie in den ersten vier Jahren kaum etwas lernen. Inhaltlich nicht, methodisch aber auch nicht! Denn ein gründliches, konzentriertes, angestrengtes Lernen überfordert das Durchschnittskind von heute! Sprachlich lernen sie in den ersten vier Schuljahren jedoch eine Menge. Nach der Grundschulzeit sind sie versiert in allen Abkürzungen, die man per Mail oder Handy benutzt, außerdem kennen sie mehr Alternativausdrücke im Fäkalbereich als Synonyme für »gehen«. Zehnjährige können in ein »Ey, voll fett« mehr Ausdruckskraft und Variation legen als ein Klaviervirtuose in sein

Vorspiel. Zugegeben, erklären können sie das nicht. Aber aufgrund von einer zunehmend von Gewalt beherrschten (Körper-)Sprache ist dies auch nicht nötig. Die wegen der extremen Schulbelastung immer wieder auftretenden Aggressionen werden unmittelbar umgesetzt, sodass Zehnjährige gelernt haben: Argumente zählen nicht, Muckis bringen Punkte! Wer am lautesten schreit (gilt auch für Eltern) oder am brutalsten agiert, gewinnt am Ende! Allerdings bekommt er nicht unbedingt die Empfehlung fürs Gymnasium.

Und in diesem Fall schreien dann meistens nur noch die empörten Eltern.

Die Fehler der Eltern

Verantwortlich für die Macken der Kinder sind in den allermeisten Fällen die Erziehungsberechtigten. Die Eltern bestimmen durch ihre Vorbildfunktion und korrigierendes Lenken das Verhalten der Kids – auch in und um Schule. Keiner von uns ist perfekt, jeder Mutter und jedem Vater werden bei der Erziehung Fehler unterlaufen. Das ist nur natürlich und in keiner Weise besorgniserregend. Aber zwischen kleinen Erziehungsfehlern und blinder Borniertheit besteht ein Unterschied. Ein ziemlich gewaltiger sogar. Die Verhaltensweisen, die einige Eltern an den Tag legen, und die Sichtweisen, die sie von Schule, Lehrern und ihren Sprösslingen besitzen, lassen nur einen Schluss zu: Elternschaft verhindert die objektive Wahrnehmung, eventuell muss man sogar mit einem Rückgang der Intelligenzleistungen rechnen. Anders lassen sich einige elterliche Zugänge kaum erklären.

Betriebsblindheit

Die anfangs schon erwähnte Unfähigkeit von Eltern, ihr Kind mit all seinen Stärken und Schwächen wahrzunehmen, liegt vielen »Folgemacken« zugrunde. Ich kann weder erklären, woher diese Störung kommt, noch taktische Ratschläge zur Verhinderung geben. Einem Farbenblinden kann man auch nicht »erklären«, wie er »rot« sehen lernt. Aber der Farbenblinde kennt seine Benachteiligung und kann deshalb gut mit ihr leben. Vielleicht als klitzekleiner Ratschlag für alle Eltern: Kleine Macken machen Menschen liebenswert, auch wenn es Macken sind, die wir nicht so mögen. Schauen Sie sich nur Ihren Partner an: Wie viele Macken fallen Ihnen auf Anhieb ein? Eben! Und dieser Mensch an Ihrer Seite ist ja wohl auch liebenswert und lebensfähig (sonst würden Sie ja nicht mit ihm leben). Lassen Sie also zu, dass ihr Kind seine eigenen Macken ausprägt. Und wenn es dann nicht so gut rechnen kann, wie Sie das gerne hätten, na und? Es gibt Wichtigeres im Leben, als ein Matheass zu werden. Und das mathematische Grundverständnis wird Ihrem Kind im Laufe der Schulzeit – mit Ihrer Unterstützung – sicher vermittelt werden. Es sei denn, die Lehrer sind komplett unfähig – doch dazu später!

Überbehütung

Gerade bei den Eltern jüngerer Kinder kommt manchmal ein Erziehungsmuster zum Einsatz, das nicht unbedingt gesund ist. Einige Mütter verfallen schon früh dem Irrglauben, sie seien in der Lage, ihr Kind von allen negativen Erfahrungen fernhalten zu können. Das funktioniert schon in der Vorschulzeit nicht: Irgendwann fällt Diana bei den ersten Gehversuchen auf die Nase, Ralf muss feststellen, dass Jörg ihn nicht mehr mag, und Regina bekommt Schimpfe von der Erzieherin. Sobald die Schule (»der Ernst des Lebens«) beginnt, werden die meisten Schüler feststellen, dass das Leben kein Ponyhof ist. Auch wenn sie alle individuell große Fortschritte machen, können andere besser schreiben, lesen, rechnen, turnen, malen ... Die Lehrerin, die das einem Kind (und den Eltern) zu vermitteln versucht, gerät allerdings oft unter heftigen Beschuss. Obwohl die kleine Laura gute schulische Leistungen aufweist, muss die Lehrerin sie vielleicht ermuntern, doch etwas aktiver beim Sport mitzumachen. Laura soll und wird nie ein Sportass werden, aber ihre Bewegungsverweigerung müsste aus verschiedenen Gründen gebrochen werden. Spätestens wenn Lauras Mama bei der Lehrerin vorstellig wird und kritisiert, ihre Kleine werde schikaniert und ihre Motivation gebrochen, wird die Sache fragwürdig. Mein Gott, Laura schreibt gute Noten und ihr (schulisches) Selbstbewusstsein kann doch wohl nicht dadurch gemindert werden, dass sie nicht in allen Fächern die Beste ist!

Immer wieder erscheinen erboste Eltern in der Grundschule, die die negativen Rückmeldungen der Lehrer für fragwürdig halten oder einfach nicht wahrhaben wollen. Entweder, weil sie deren Diagnosen nicht trauen (und Marc kann doch super rechnen!) oder weil sie Negativrückmeldungen generell für pädagogisch sinnlos halten (wenigstens bei ihrem Kind). Die wenigsten Kinder sind jedoch in allen Fächern begabt, und dies sollte man ihnen auch nicht vorenthalten. Schließlich werden diese Kids irgendwann erwachsen und müssen dann auch mit negativen Rückmeldungen rechnen.

Unabhängig von der Strategie, das Kind vor – durchaus gerechtfertigter – Kritik am Leistungsvermögen zu bewahren, verhindert die elterliche Überbehütungsunvernunft auch den kritischen Blick auf das soziale Verhalten des Sprösslings. Wenn sich die kleine Kathrin immer wieder mit ihren Freundinnen streitet, wenn Lorenz nie zu Geburtstagsfeiern eingeladen wird, wenn dauernd erboste Eltern anrufen und sich darüber beklagen, dass Kai andere Kinder schlägt: Wie wäre es dann mit der Überlegung, ob bei Kathrin, Lorenz und Kai vielleicht irgendetwas nicht richtig läuft? Aber nein, das soziale Verhalten des eigenen Kindes wird nicht hinterfragt, natürlich sind es erst mal die anderen: Kathrins Freundinnen sind zickig, Lorenz ist in der Klasse unbeliebt, weil er bessere Noten schreibt, und Kais Mitschüler sind einfach Weicheier, die nicht mal eine kleine Schubserei abkönnen!

Manchmal verhindert die mütterliche oder väterliche Überbehütung, dass die Kinder überhaupt Freundschaften schließen. Wenn immer wieder eine behütende Mama hinter mir steht, die alle Fehler entschuldigt, muss sich das Kind nie wirklich auseinandersetzen und lernt auch nicht, einen eigenen, selbstständigen Weg zu gehen. Dieser Weg impliziert durchaus eine gewisse Anpassung, aber auch eine gewisse Härte. Und beides kann man sehr gut lernen! Die Kids selbst wollen sich ja oft durchaus mit den brutalen, zickigen, unsensiblen, kaum der deutschen Sprache mächtigen Mädels und Jungs treffen. Auch wenn dabei mal »blaue Flecken« davongetragen werden.

Wieso also sperren sich Eltern gegen bestimmte Verbindungen? Ist es denn tragisch, wenn Paul oder Anna mal seelisch oder körperlich – natürlich in Maßen – verletzt werden? Steckt dahinter nicht vielmehr oft die Angst, das eigene Kind könnte fremde Wertvorstellungen übernehmen? Das würde auch erklären, warum sich – trotz des hohen Ausländeranteils in den Schulen – so selten Multikultifreundschaften bilden. Man kann ja nie wissen, wie »diese Türken, Russen, Pakistani, Italiener, Asiaten, Afrikaner ...« leben. Vielleicht ist die Wohnung nicht aufgeräumt oder gar schmutzig? Vielleicht müssen die Kinder dort seltsame Sachen (Hunde, Katzen, Ratten, Schildkröten) essen? Vielleicht kümmern sich die Eltern gar nicht um die spielenden Kinder? Vielleicht kümmern sie sich aber auch zu viel und indoktrinieren die Kids mit fremden Moral- oder Religionsvorstellungen? Vielleicht konsumieren sie ununterbrochen Drogen?

Natürlich sollten Eltern sich ein Bild von den Freunden der Kinder machen und sich auch deren Elternhäuser anschauen. Aber »Anderssein« an sich ist ja nicht verwerflich. Nur da, wo wirklich Gefahr besteht, sollten Erziehende sich in die Freundschaftswahl der Kinder einmischen.

Alles andere ist schlicht und ergreifend Intoleranz und Ignoranz!

Den härtesten Fall von mütterlicher Überbehütung erlebe ich bei einem Freund meines Sohnes. Der inzwischen 15-jährige Martin darf sich aus den verschiedensten Gründen oft nicht mit anderen treffen. Erstens sind bestimmte Klassenkameraden sowieso tabu (raten Sie mal, welcher Nationalität diese angehören). Zweitens verbieten die Eltern »gefährliche« Sportarten oder Spiele, wozu neben den Softairmatches (noch verständlich) auch Fußball gehört. Drittens darf Martin zu bestimmten Zeiten (nach 18 Uhr) oder bei Angst einflößenden Wetterlagen (zum Beispiel Regen) das Haus nicht verlassen. Und viertens gibt es wichtige Familienereignisse (zum Beispiel sonntägliches Mittagessen), die Martin unter gar keinen Umständen verpassen darf. Übrigens darf Martin auch nicht mit dem Fahrrad zur Schule fahren, denn auch das ist natürlich sehr gefährlich. Dies mag zwar ein Extrembeispiel an paranoider Überbehütung darstellen, aber Ansätze solch einer gestörten Mutter-Kind-Beziehung haben sicher schon viele kennengelernt. Der Grund für dieses Mutterverhalten kann zum einen in einer unbegründeten Angst oder Unsicherheit liegen. Oder aber Mutter (manchmal auch Vater) handelt aus einem anderen Beweggrund:

Kontrollsucht

Bewusst wurde das Motiv zu kontrollieren mit dem negativ besetzten Substantiv »Sucht« kombiniert. Gegen eine gewisse Kontrolle der Kids spricht nichts. Anfangs gehören bestimmte Kontrollrituale zum Alltag und verhindern, dass sich Nachlässigkeiten einschleichen. So werden sich wohl keine Eltern von Anfang an darauf verlassen, dass sich ein Vorschulkind pünktlich von alleine ins Bett begibt, vorher natürlich noch gründlich die Zähne putzt und selbstverständlich nach einer kurzen Lesezeit das Licht löscht. Bestimmte Regeln und Normen müssen eben erst einmal verinnerlicht werden. Aber Ziel solcher Übungen ist doch, dass sich nach einer kurzen Zeit diese Rituale so eingespielt haben, dass eine Kontrolle überflüssig erscheint. Wer bei Pubertierenden noch überprüfen muss, ob sie geduscht oder ordentlich gegessen haben, hat irgendetwas falsch gemacht! Oder leidet unter der Sucht, alles wissen und kontrollieren zu müssen.

Als Mutter oder Vater will ich wissen, wie es meinem Kind geht, welche Freunde es hat, welcher Sport ihm Spaß macht, womit es den ganzen Tag verbringt. Zur Sucht wird diese natürliche Neugier, wenn ich meinem Sprössling etwas vorschreiben will und akribisch darauf achte, dass meine Vorgaben auch eingehalten werden. Das bedeutet, dass Kontrollsucht oft mit sehr dominierendem Verhalten korreliert.

Ein Grundschüler muss das Lernen erst mal lernen. Dabei sollten die Eltern ihn unterstützen und anfangs auch kontrollieren, ob die Hausaufgaben gemacht werden, und – falls nötig – auch helfend zur Seite stehen. Doch im Verlauf der ersten Jahre sollte jedes Kind selbstständig werden und eigenverantwortlich handeln. Dummerweise kann es passieren, dass Sohn oder Tochter ihre schulischen

Pflichten nicht so ernst nehmen, wie die Eltern das gerne hätten. Vielleicht machen Leila und Lucas zwar Hausaufgaben, lernen aber darüber hinaus nicht und sind deswegen auch nur durchschnittliche Schüler. Dafür haben sie Hobbys und in ihrer Freizeit viel Spaß. Kontrollierende, ehrgeizige Eltern verpflichten jetzt eventuell ihr Kind zu zig Stunden Lernen, nur damit der Sprössling einen besseren Notendurchschnitt oder die Gymnasialeignung bekommt.

Auch bei der Freizeitgestaltung der Kids mischen Kontrolleltern gerne mit. Bestimmte Aktionen und Aktivitäten sollte man natürlich verbieten, nämlich alles, was übermäßig geschieht und krank machen kann: (falsche) Fernsehserien, (nicht altersgemäße) Computerspiele, zu viele Süßigkeiten ...

Aber warum soll ein Kind unbedingt Tennis oder Handball spielen, und das möglichst im Verein, sodass manchmal drei Nachmittage mit diesem (vielleicht ungeliebten) Sport vergeudet werden? Nur weil Papa schon mit sechs Jahren (gerne) Tennis gespielt hat, muss Sven das ja keinen Spaß machen. Wenn Sven sich genug bewegt und oft draußen spielt, spricht nichts dafür, ihn in einen Sportverein zu zwingen! Damit die eher musisch veranlagte Mama auch noch ihre Wertvorstellungen einbringen kann, lernt Sven an den anderen Tagen Geige (beliebig zu ersetzen durch andere Instrumente). Und so wird der kleine Sven systematisch verplant und hat kaum Freiräume. Das hat den Vorteil, dass man allzeit weiß, wo der Kleine ist und was er tut! Detailgenaue Verplanung der Freizeit eröffnet alle Möglichkeiten systematischer Kontrolle.

Die letzte Bastion (neben Lernen und sinnvollen Freizeitaktivitäten), die dominante Eltern jetzt erstürmen müssen, heißt »Auswahl der Freunde«. Mal abgesehen davon, dass verplanten Kindern wenig wirklich freie Zeit bleibt, lassen sich Grundschüler noch relativ leicht manipulieren. Wenn ich Melanie bereitwillig immer zu Luise fahre, während sie zu Ayse zwanzig Minuten laufen muss, »lernt« Melanie doch schnell, ihre Prioritäten zu überprüfen. Sollte die Freundschaft zu Ayse trotz aller Widrigkeiten zu eng werden, bleibt das elterliche Verbot als letztes Erziehungsmittel!

Kontrollmaßnahmen brechen das Tabu eines Intimbereichs, der jedem Menschen – auch Kindern – zusteht. Sie erzählen ja auch nicht alles; teilweise vergessen Sie Unwichtiges, teilweise verheimlichen Sie bewusst Dinge, die unangenehm zu erzählen wären. Das ist völlig normal! Also lassen Sie doch auch Ihren Kindern Bereiche, die ihnen allein gehören. Erinnern Sie sich noch, wie genervt Sie reagiert haben, wenn die allmittägliche Frage gestellt wurde: »Und, wie war es in der Schule?« Die meisten murmelten dann ein »Wie immer« und umgingen damit Detailschilderungen über langweiligen Unterricht, angstvolle Momente oder Erzählungen über das erste Verknalltsein. Eltern müssen nicht alles wissen – und sollten auch gar nicht alles wissen wollen! Spätestens mit dem Schulwechsel entwickeln sich auch die offensten und erzählfreudigsten Kids zu Geheimniskrämern und Tuschelliesen. Je früher man sich also an den Gedanken gewöhnt, dass die »Kleinen« eigene Wertvorstellungen entwickeln und schon um des lieben Friedens willen nicht alles preisgeben, desto entspannter und freier geht man auch mit unliebsamen Entwicklungsschüben – beispielsweise während der Pubertät – um.

Überforderung

Das Endziel steht von Anfang an für viele Eltern fest, die Zukunft könnte so aussehen: erst mal bis zum Abi (ohne Ehrenrunde), Durchschnitt besser als 2,0, danach ein Jahr Amerika, möglichst Jurastudium (eventuell auch BWL), erfolgreiche Karriere als Anwalt, außerdem guter und begeisterter Sportler, weitere Hobbys: Angeln (mit Papa) und Oper (mit Mama), erste Freundin frühestens mit 17, irgendwann nach dem Studium Heirat (möglichst eine zwar intelligente, aber nicht allzu fordernde, Sohnemann glücklich machende Frau), dann die Enkelkinder ... Völlig absurd, dass Eltern so weit voraus denken? Vielleicht, aber wir alle wollen ja das Beste für unsere Kinder und vergessen dabei leicht, dass wir nicht ahnen können, was das Beste ist!

Eine erfolgreiche Schullaufbahn bietet die Grundvoraussetzungen für ein (beruflich) erfolgreiches Leben. Deshalb wollen viele Eltern, dass ihr Kind Abitur macht. Und die erste Hürde heißt »Gymnasialeignung«. Schon in den ersten vier Jahren werden Kids zum stundenlangen Lernen genötigt, bekommen eventuell Nachhilfe, um den Sprung zu schaffen, der Erfolg verspricht. Sechs- bis Zehnjährige brauchen aber Zeit zum Spielen und Sich-Austoben, Zeit auch, Kreativität zu entwickeln (die zugegebenermaßen in der Schule nicht unbedingt gefördert wird). Ein Kind, das schon in der Grundschule Lernschwierigkeiten hat, gehört nun mal nicht aufs Gymnasium und wird dort auch nie glücklich.

Der Druck, gute Noten zu schreiben, lastet oft schon sehr früh auf den Kindern. Kein Wunder, dass viele unter psychosomatischen Erkrankungen leiden! Ein Grundschulfreund meines Sohnes, Marcus, war oft bei uns, vor allem, weil seine Mutter glaubte, dass ich als Lehrerin mit den Kindern ja wunderbar üben könne. Was ich übrigens nie getan habe – wenigstens nicht während der ersten vier Jahre. Marcus war ein lebhafter, sportlicher Junge, durchaus nicht unintelligent, der allerdings mit dem Lesen und Schreiben seine Probleme hatte. Seine Mutter zwang ihn also, jeden Tag irgendwelche dummen Texte abzuschreiben oder sich zum Diktat einzufinden. Marcus' Abneigung gegen Texte jeder Art steigerte sich logischerweise von Tag zu Tag. Der Druck wurde immer größer, die Frustration auch, denn gute Noten rückten in immer weitere Ferne. Das erklärte Ziel, Marcus aufs Gymnasium zu schicken, erwies sich als unerreichbar. Inzwischen (auf der Realschule) schreibt Marcus gute Noten, auch in Deutsch, sodass er wahrscheinlich die Qualifikation schaffen wird und dann immer noch sein Abi machen kann, falls er das will. Es gibt natürlich schlimmere traumatische Erlebnisse als eine arbeitsreiche Grundschulzeit, aber Marcus (und seine Eltern) hätte diese Zeit sicher entspannter erleben können und vielleicht hätte er allein dadurch die vierte Klasse mit besseren Noten abgeschlossen.

Desinteresse

Eigentlich müssten ja alle Eltern ein großes Interesse besitzen, was die Gefühle, Einstellungen, Neigungen und Begabungen ihrer Kinder betrifft. Dies ist aber durchaus nicht immer der Fall!

Zum einen gibt es Menschen, die sich sowieso nur für sich selbst interessieren – und das Desinteresse und die Ignoranz anderen gegenüber macht auch nicht vor den eigenen Angehörigen halt. Nach außen hin wahren sie meist den Anschein einer gewissen Neugier und Aufgeschlossenheit gegenüber den Erzählungen ihrer Kids. Aber um wirkliches Interesse handelt es sich dabei nicht. Sie wissen vermutlich, wie Tochter oder Sohn in der Schule zurechtkommt und wie die Freunde der Kinder heißen. Die Ängste und Sorgen, die eigenen Anschauungen und Sehnsüchte ihrer Nachkommen kennen sie jedoch nicht. Und zwar nicht, weil die Mädels und Jungs einfach nichts erzählen, sondern weil ignorante Eltern auch oft nicht nachfragen oder einfach nicht richtig zuhören können.

Übrigens gibt es Härtefälle in Familien, bei denen die Eltern (oft die Väter) noch nicht einmal die grundlegenden Dinge wissen: Wie heißt die beste Freundin, der beste Freund, welche Fächer mag mein Kind, was macht ihm wirklich Spaß, was für Musik mag es …? In der »Normalfamilie« (die heute nicht mehr unbedingt Norm ist), bei der beide Elternteile in einem Haushalt leben und somit einen Teil ihrer Freizeit mit ihren Nachkommen verbringen sollten, dürfte dieser Zustand des »Nichts-voneinander-wissens« gar nicht vorkommen. Schließlich tauscht man sich ja beim geselligen Miteinander aus. Doch oft finden diese geselligen Familienzusammenkünfte gar nicht mehr statt. Viele Kinder kennen das Ritual gemeinsamer Mahlzeiten nicht, weil alle Familienmitglieder essen, wenn sie nach Hause kommen oder Hunger haben. Lustige Spielabende in geselliger Runde? Vielleicht mit Freunden vorstellbar, aber in vielen Familien alles andere als die Regel.

Klar sind viele, meist arbeitende Eltern angespannt und wollen abends nicht auch noch kochen, Bingo spielen, lustige Geschichtchen aus dem Schulalltag hören und anschließend noch ein halbes Stündchen vorlesen. Bevor sie dann– kurz vor dem Erschöpfungstod – selbst ins Bett fallen, ohne dass sie auch eine Sekunde »nur für sich« hatten.

Jeder Erwachsene (und auch jedes Kind) braucht Zeit für sich allein. So weit, so gut! Jeder Erwachsene will nicht den ganzen Tag nur »schuften«. Auch klar! Was mir allerdings nicht einleuchtet, ist die Tatsache, dass Eltern (die sich oft nichts sehnlicher gewünscht haben als Nachkommen) die Zeit, die sie mit ihren Kindern verbringen, als »Arbeit« empfinden. Es macht doch durchaus Freude, mit Kindern zu spielen, spazieren zu gehen oder einfach nur zu reden. Wenn Väter, die abends gestresst von der Arbeit kommen, vorwurfsvoll ihre Frauen anschauen, sobald die Kids sie belagern, und erklären: »Sorry, ich hatte einen anstrengenden Tag, da kann ich mich jetzt wirklich nicht noch um Tina, Fabian, Martin kümmern«, dann frage ich mich: Was genau stresst diesen Mann jetzt? Es müsste doch Spaß machen, nach einem anstrengenden Tag noch entspannt mit den Jungs Fußball im Garten zu spielen oder mit Jule eine Geschichte zu lesen. Ich wiederhole: Es handelt sich um Männer und Frauen, die bewusst und geplant Kinder in die Welt gesetzt haben! Wenn ich es als stressig empfinde, mit Kindern umzugehen, sollte ich keine in die Welt setzen (und übrigens auch kein Lehrer werden).

Bei getrennt lebenden Eltern potenziert sich oft der Stress, sodass in diesen Familien häufig noch weniger auf die Kinder eingegangen wird: Beide Elternteile arbeiten viel, finanziell ist die Situation oft schwierig, manchmal empfindet mindestens einer der Sich-Trennenden die Situation als psychisch sehr belastend, die Organisation der strukturierten und gerechten »Kinderverteilung« erfordert ebenfalls Mühe. Alles nachvollziehbare Gründe für ein hohes Maß an Stress. Und Stress verhindert bekanntlich Entspannung und damit auch einen offenen, interessierten, spaßbezogenen Umgang mit anderen – auch mit den eigenen Kindern.

Tatsache ist, dass viele von uns, aus welchen Gründen auch immer, unter großem Druck stehen. Tatsache ist auch, dass unsere individuellen Wünsche immer größer werden. Wir möchten **alles** haben: einen liebevollen, aufmerksamen Partner, wohlerzogene Kinder, Haus mit Garten, spannende Freizeitaktivitäten, enge Familienbindung, zwei bis fünf Haustiere, einen tollen Job, attraktive Urlaube, ein schickes Auto und tolle Klamotten ... Wenn man dann merkt, dass man nicht all das bekommt beziehungsweise dass all das mit viel Arbeit verbunden ist, ist es oft zu spät. Und während unseres lächerlichen Rumgewusels, möglichst viele der selbst gesteckten Ziele zu verwirklichen, vergessen wir oft das Wichtigste: die Menschen, die wir lieben (sollten).

Fazit der Ausführungen über elterliche Fehler: Natürlich haben wir als Eltern auch unsere Macken und machen sicherlich auch nicht alles perfekt bei der Erziehung unserer Kinder. Die Grundvoraussetzung jedoch, um Kinder angemessen zu erziehen, liegt in einer nicht-egoistischen Einstellung begründet. Wer Kinder in die Welt setzt, sollte bereit sein, auf einiges zu verzichten und viel Zeit für die Kids mitzubringen. Dabei sollten Eltern in der Liebe und der Aufmerksamkeit, die sie von ihren Kindern geschenkt bekommen, einen angemessenen Ausgleich für eventuelle Defizite erkennen. Egoismus kann auch zu einer beengenden Erziehung führen. Auch wenn das Wohl meiner Kinder mir enorm wichtig ist, muss ich mich davor hüten, meine eigenen Anschauungen und Meinungsbilder zu projizieren. Nur eine Basis, die auf Vertrauen und Offenheit basiert, lässt wirkliche Liebe zu. Dazu gehören aktives Zuhören und aktive Toleranz anderer Wertvorstellungen. Das, was viele ganz automatisiert ihren Freunden entgegenbringen, sollten sie auf die Beziehung zu ihren Kindern übertragen: »Ich freue mich, wenn du mit mir sprichst, ich sterbe auch nicht, wenn du mir nichts erzählst.« Diese Haltung ist wahrlich »erwachsen«, und das sollten Erziehende unbedingt sein. Wer unzufrieden, unausgeglichen, unflexibel oder unfrei ist, sollte sich – und das muss vorher überlegt werden – ein anderes Hobby als Kinder suchen!

Anforderungen an Grundschullehrer

Obwohl im Zentrum dieses Buches die Fehler der »anderen Seite«, also die Macken der Schüler und Eltern stehen sollten, darf man nicht außer Acht lassen, dass es wirklich unfähige Pädagogen gibt! Menschen, die vielleicht nicht wirklich böse sind, aber besser andere Berufe einnehmen sollten: Fleischer oder Kosmetikerin, freischaffende Künstlerin oder Pferdeflüsterer.

Jeder von uns kann zahlreiche Geschichten erzählen, die die Engstirnigkeit und Borniertheit einiger Lehrer zeigen. Diese Geschichten können Sie in anderen Büchern nachlesen. Hier sollten jetzt nur einige Charaktermerkmale und Verhaltensweisen aufgelistet werden, die unabdingbar mit »gutem Unterricht« (Unterricht, in dem die Kids in angstfreier Atmosphäre etwas lernen) verbunden sind. Für die Lehrerinnen und Lehrer, die bei den »Kleinen« unterrichten, gelten im zwischenmenschlichen Bereich noch höhere Anforderungen, weil sich die Grundschüler emotional stark an »ihre« Lehrerin, »ihren« Lehrer binden.

Eine gute Grundschullehrerin (Gleiches gilt natürlich auch für ihre männlichen Kollegen) …

- mag Kinder, und es macht ihr Spaß, mit Kindern zusammen zu sein,
- ist lärmresistent und super geduldig,
- erkennt die Fähigkeiten der einzelnen Kinder,
- verliert aber auch die Lerngruppe nicht aus dem Blick,

- kann eigene Sympathien und Antipathien zurückstellen und ist (möglichst) objektiv,
- ignoriert die Bedürfnisse der Eltern und konzentriert sich auf die Kids,
- empfindet den Job als Berufung und ist deshalb auch in der Freizeit (stets) ansprechbar,
- lässt Nähe zu, sodass Kinder mit ihren Sorgen zu ihr kommen können,
- variiert Unterricht (je nach Lerngruppe),
- greift auch mal durch und schimpft, wenn es den Kindern dient,
- vergreift sich nie im Ton, die Kids werden **niemals** beschimpft oder bloßgestellt,
- hört immer interessiert zu,
- fehlt nur dann, wenn sie wirklich krank ist,
- wird aber auch selten krank, weil ihr der Job viel Spaß macht,
- bereitet Unterricht so vor, dass die Kinder sich nicht langweilen und trotzdem viel lernen und
- schafft eine Unterrichtsatmosphäre, in der kein Kind Angst hat.

Diese Anforderungen sind zu hoch? Völlig unrealistisch, dass es solche Lehrerinnen und Lehrer gibt? Meiner Meinung nach unterrichten gerade in der Grundschule viele engagierte und hoch motivierte Pädagogen, die dem oben gezeichneten Bild des »perfekten Pädagogen« sehr nahe kommen! Aber auch im Grundschulbereich tummeln sich »schwarze Schafe«, die lustlos und genervt vor sich hin unterrichten und den Kindern mit Gleichgültigkeit begegnen. Wenn sie es denn nicht vorziehen, sich aufgrund einer psychosomatischen Erkrankung (sehr beliebt: Burnout) eine Auszeit zu nehmen.

Wenn Sie jetzt argumentieren, dass es immer noch zu viele »schlechte Lehrer« gibt, die einigen Kindern die Schulzeit zur Hölle machen können, gebe ich Ihnen Recht. Zu viel hängt von der Qualität des Unterrichts und der Atmosphäre im Klassenzimmer ab. Wie kann man dieses Problem lösen? Als Erstes sollte man jeden, der Lehrer werden will, einer Art »Test« unterziehen, bevor er überhaupt mit dem Studium beginnt. Eine gesunde Mixtur aus Belastbarkeit, Flexibilität, Toleranz und Offenheit bildet die Basis für die Fähigkeit, dauerhaft guten Unterricht abzuleisten. Und diese Grundkompetenzen kann man durchaus per Test erfassen. Den unfähigen Exemplaren, die bei diesem Test durchflutschen oder diese Fähigkeiten nicht auf Dauer aufrechterhalten, rückt man mit dem von Lehrern gehassten Ausspruch auf die Pelle: »Kein Beamtenstatus für Lehrer!« Warum, bitte, muss eine Schule, müssen Kinder und Eltern mit Pädagogen leben, die ihren Job nicht (mehr) ordentlich machen? Müssten sich Lehrerinnen und Lehrer wie Arbeitnehmer in der freien Wirtschaft immer wieder beweisen und auch vergleichen lassen, hätten wir weniger Probleme. Auch wenn ich mir jetzt den Hass meiner Kollegen zuziehe: Nichts, aber auch gar nichts rechtfertigt die Sicherheit des Beamtendaseins in einem Bereich, der auf andere Menschen so nachhaltig wirkt und so großen Einfluss besitzt!

Das Gymnasium: bestes Beispiel einer weiterführenden Schule

Aus mehreren Gründen habe ich mich entschlossen, die Probleme, mit denen Lehrer, Schüler und Eltern kämpfen müssen, exemplarisch am gymnasialen Weg aufzuzeigen:

1. Das Gymnasium ist meine »Kampfarena«.
2. Diese Schulform führt nun mal – allen Vorurteilen zum Trotz – am weitesten (zum Abi nämlich).
3. Trotz aller Vorbehalte ist das Gymnasium (und der Abschluss desselben) das erklärte Ziel der meisten Schüler und Eltern.
4. Hier dürfte normalerweise das geringste Konfliktpotenzial liegen: Intelligente, bildungsbesessene Schüler arbeiten mit motivierenden und motivierten Lehrkräften, die wegen der hohen Leistungsbereitschaft ihrer Schüler weniger Frustrationen erleben und Abstriche machen müssen.
5. Die Probleme, die in der Gymnasialzeit auftreten, muss man einfach potenzieren (mit ungefähr 12) und kann dann die Schwierigkeiten beispielsweise an einer Hauptschule erahnen.
6. Gymnasiallehrer haben – fachlich, nicht pädagogisch – die beste Ausbildung genossen. So kann man an der Frage, ob eine pädagogisch-psychologische Grundkompetenz nicht wichtiger als Intellektualität ist, Bildungsideale und Zielvorgaben beleuchten – und zwar für jede Schulform!

Schüler- und Elternklientel am Gymnasium

Würden nur wirklich gymnasialgeeignete Kinder diese Schulform besuchen, gäbe es wesentlich weniger Probleme. Aber ehrgeizige Kinder und Eltern setzen alle Hebel in Bewegung, damit das Fernziel Abitur wahrscheinlicher erscheint. Und so sitzen in den Klassen Schüler, die weder die intellektuellen Voraussetzungen erfüllen noch das nötige Arbeitsverhalten zu lernen bereit sind. Die Gymnasien (alle anderen Schulformen aber auch) beklagen rückläufige Anmeldezahlen und sind deswegen oft bereit, auch Schüler aufzunehmen, deren Erfolgsaussichten nicht besonders hoch sind. Mit dem Ergebnis: Das Lern- und Bildungsniveau auf den Gymnasien wird immer schlechter, weil Lehrer sich gezwungen sehen, das pädagogische Mittelfeld zu bedienen, das sich inzwischen auf einem recht niedrigen Level befindet.

Sowohl Eltern als auch Schüler kritisieren oft die Abläufe in den Schulen und die Haltung der Lehrerinnen und Lehrer. Beginnen wir also mit den oft unrealistischen Wünschen, Erwartungen und Träumen der Mütter und Väter, wenden uns dann den Schülerbedürfnissen zu und nehmen am Ende die Lehrer ins Visier.

Elternträume – was Mütter und Väter erwarten

Die allermeisten Eltern wollen vor allem, dass ihr Kind glücklich ist. Nun vermehrt ja der Schulalltag nicht unbedingt das Glück der Kids, schon allein deshalb, weil so unangenehme Dinge wie frühes Aufstehen, längere Anfahrtswege, konzentriertes Zuhören, Stillsitzen, sinnlose Hausaufgaben und Ähnliches damit verbunden sind. Klar machen Ferien mehr Spaß. Da wir aber nun mal eine Schulpflicht in Deutschland haben, müssen die Süßen ja sowieso (bis zu einem bestimmten Alter) die Schulbank drücken. Die Frage ist nur, auf welcher Schule?

Da die Muttis und Papis – oft weit weg von der Realität – davon ausgehen (»träumen«), ein intelligentes Kind in die Welt gesetzt zu haben, kommt für die meisten eigentlich nur ein Gymnasium infrage. Hier liegt oft die Wurzel kindlichen Unglücks. Kinder und Jugendliche, die nur mit einem wahnsinnigen Lernaufwand und dabei noch frustrierenden Rückmeldungen und schlechten Noten die Schule schaffen, können nicht wirklich glücklich sein.

An dieser Stelle geraten dann oft die einzelnen Fachlehrer ins Zentrum der Kritik: Der Mathelehrer kann nicht erklären, die Lateinlehrerin verlangt zu viel, der Englischlehrer stellt unangemessen schwierige und unfaire Klausuren, die Deutschlehrerin bewertet nur nach Sympathie! An den Beispielen sieht man schon, dass die Lehrer, die die sogenannten Hauptfächer erteilen, eher kritisiert werden als die Kollegen in den Nebenfächern. Das liegt natürlich daran, dass die Anforderungen in diesen Fächern oft höher sind und die schriftliche Leistungsfeststellung wichtiger ist.

Der elterliche Traum vom entspannten und stressfreien Erlangen guter Schulnoten wird gerade von diesen Lehrern oft zerstört. Und so rotten sich dann empörte Mütter und Väter zusammen und singen gemeinsam ein Klagelied über das Unverständnis und die Unfähigkeit einzelner Pädagogen.

Als mein Sohn in der siebten Klasse war, rief mich irgendwann die Mutter eines Mitschülers an und wollte mich davon überzeugen, dass wir alle einen Brief an den Direktor schreiben müssten. Ursache ihrer Empörung war die Unfähigkeit des Mathelehrers, der angeblich viel zu viel verlangte und bestimmte Schüler ungerecht behandelte. Außerdem könne er überhaupt nicht erklären, sodass **niemand** mehr dem Unterricht folgen könne. Bis zu diesem Zeitpunkt hatte ich noch nichts über diesen Lehrer gehört. Auch nicht von meinem sonst sehr gesprächigen Sohn. Ich erklärte der erbosten Mama, dass ich erst mal mit meinem Sohn sprechen wolle, bevor ich irgendetwas unterschriebe. In diesem Gespräch erläuterte mir mein überaus verständiger Sohn, dass Herr Nummerix zwar in der Tat nicht sehr gut erklären könne, aber das sei schließlich normal für Mathelehrer. Sie müssten dann eben nachmittags den Stoff nacharbeiten. Ach was! Den Unterrichtsstoff nachzuarbeiten sollte für jeden Gymnasiasten tägliches Ritual sein. Allerdings gibt es Schüler, bei denen sämtliche Versuche, ihnen gewisse logische Denkschemata beizubringen, fehlschlagen. Besagter Mathelehrer verzweifelte vermutlich an der Blockierung einiger Schülerinnen und Schüler, grundlegende Rechenoperationen – wie beispielsweise den Dreisatz – zu verstehen. Ungerecht verhielt er sich insofern, dass er nach mehrmaligen Erklärungsversuchen das Ganze in die »Eigenverantwortung« der Schüler legte. Und ungerecht erscheint dies all denen, die es bis dahin nicht verstanden haben. Noch ungerechter erschien es gerade den Eltern der Mädchen, die offenbar größere Probleme mit dem Mathestoff hatten – oder weniger Lust, sich damit zu beschäftigen. Der Notendurchschnitt bewegte sich auf völlig normalem Niveau (2,9), also hatte die Mehrheit den Stoff ja offenbar halbwegs verstanden. Diejenigen, die in einem Fach unter dem Durchschnitt liegen, werden aber nicht ungerecht behandelt, sondern sind vielleicht in diesem Fach nicht gerade begabt oder zu faul, vielleicht auch gar nicht für diese Schulform geeignet!

Der Traum der Eltern, dass ihre Kinder in allen Fächern gute bis befriedigende Leistungen bringen, scheitert oft an der Fähigkeit der Kids und nicht an der (fehlenden) Kompetenz der Lehrer. Dass dies auch noch ohne übergroßen Arbeitsaufwand und möglichst ohne Stress erreicht werden soll, verlagert den Wunsch eindeutig auf eine Traumebene. Es gibt nur wenige Kinder, die fast ohne Lernen und nur mit guten Noten die einzelnen Klassen durchwandern. Wir alle würden es jedem wünschen, das Abi mit links zu machen. Aber wir alle würden auch jedem ein langes, zufriedenes Leben, unermesslichen Reichtum und noch mit 85 ein erfülltes Sexleben wünschen. Leider beeinflussen Wünsche und Träume jedoch nur selten gegebene Fähigkeiten.

Nicht nur Lehrer zerstören die Traumvorstellungen einiger Eltern. Dem Glück der Kinder stehen auch oft die Mitschülerinnen und Mitschüler im Weg. Die sich – das hatten wir ja schon in der Grundschule – so verhalten, dass sie Entwicklungen der eigenen Zöglinge massiv behindern. Das »Fehlverhalten« der anderen Schüler kann sich in Lern- oder Intelligenzleistungen, aber auch im Sozialverhalten manifestieren.

Beginnen wir mit den intellektuellen Fähigkeiten. Grundsätzlich wünschen sich Eltern natürlich, dass sich ihr Kind in einer Klassengemeinschaft befindet, in der alle ähnliche Voraussetzungen mitbringen. Aber das ist leider auch auf einem Gymnasium meilenweit von der Realität entfernt. Also finden wir auch hier – wie schon in den ersten vier Jahren – unterforderte und überforderte Kids. Allein der Prozentsatz der Schülerinnen und Schüler, die irgendwo in der Mitte rumdümpeln, nimmt zu. Außerdem treten auf allen weiterführenden Schulen die unterschiedlichen Begabungen mehr und mehr in den Vordergrund. Es kommt deshalb immer wieder vor, dass ein durchschnittlich intelligentes Mädchen erkennen muss, dass es im sprachlichen Bereich nicht gerade ein Genie ist. Oder dass ein notenmäßig im Mittelfeld liegender Junge echte Defizite im mathematischen Bereich aufweist. Das bedeutet auch, dass die positiven Erfahrungen der Grundschule für viele immer häufiger von Frusterlebnissen begleitet und überlagert werden. Auch Kids, die die Grundschule locker durchlaufen haben, schreiben auf dem Gymnasium irgendwann mal schlechte Noten.

An dieser Stelle kommt wieder die Traumvorstellung der Eltern ins Spiel. Erstens würden sie ihrem Sprössling gerne solche Frusterlebnisse ersparen, und zweitens gehen sie ja weiterhin von der überdurchschnittlichen Begabung ihres Kindes aus. Hochbegabte Kids schreiben jedoch keine schlechten Noten, und das eigene Kind liegt selbstverständlich in allen Fächern über dem Durchschnitt! (Kleine Randbemerkung: Hochbegabte Kinder sind in der Schule – aufgrund einer ständigen Unterforderung – oft nicht besonders gut. Wir alle wissen von den schlechten Noten Einsteins! Dies sollte allerdings jetzt niemanden zu der Meinung animieren, die schlechten Noten seien wahrscheinlich untrügliches Indiz für eine Hochbegabung: Von all den »schlechten Schülern« gehört wahrscheinlich nur 1 Prozent aufgrund einer überdurchschnittlichen Intelligenz zu den Schulversagern.)

Zurück zu den Elternerwartungen: **Mein** Kind soll optimal gefördert und betreut werden! Diese Wunschvorstellung entspricht der, die wir schon aus der Grundschule kennen. Solange sich die intellektuellen Voraussetzungen und Lernleistungen eines Schülers im Mittelfeld bewegen, haut dies auch halbwegs hin. Sobald **mein** Kind jedoch vom Durchschnitt abweicht – nach unten oder nach oben –, erhält es nicht die beste Förderung. Dies erklärt in den allermeisten Fällen die Unzufriedenheit der Eltern mit bestimmten Anforderungen und Lehrern.

Mit dem Wechsel von der 8 in die 9 bekam die Klasse meines Sohnes einen neuen Lateinlehrer. Wie jeder weiß, der jemals in den Genuss von Lateinunterricht gekommen ist, muss man für dieses Fach viel lernen. Das Gymnasium, das F. besucht, ist naturwissenschaftlich ausgerichtet, außerdem herrscht in der Klasse ein deutlicher Überschuss an Jungs. Ohne alle Klischees bedienen zu wollen, behaupte ich, dass die männlichen Schüler oft weniger Interesse am Sprachunterricht besitzen und zudem (vor allem in diesem Alter) »stupides Auswendiglernen« (O-Ton mehrerer Jungs) nicht zu ihren Stärken gehört. Besagter Lateinlehrer – nennen wir ihn Herrn Industrius (*lat.* für strebsam, eifrig) – empfand die Leistungen der gesamten Klasse als unzureichend und verdonnert seitdem die armen Schüler ständig zu Wiederholungen: Vokabeln, Deklinationen, Konjugationen ... Unverschämterweise schreibt er (Lernerfolgskontrolle nennt man das) auch noch dauernd Tests, und seine Klausuren fallen **sehr** schlecht aus. Das bedeutet im Klartext: Am Ende des neunten Schuljahres wird fast die Hälfte der Schüler als Endnote eine Fünf oder Sechs in Latein bekommen. Das heißt auch, dass einige »wegen Latein« beziehungsweise »wegen Herrn Industrius« das Schuljahr wiederholen müssen.

Herr Industrius ist allerdings nicht die Ursache für mögliches Hängenbleiben, sondern die mangelnden (mangelhaften) Leistungen in diesem Fach! Mein eigener Sohn wird aller Wahrscheinlichkeit nach Latein auch mit »mangelhaft« abschließen, aber auch zu Recht! Wer keine einzige Endung kennt oder nach drei Jahren Unterricht noch nicht weiß, was »Genitiv« bedeutet, ist nicht mehr »ausreichend«. Bei F. ist die Versetzung sicher, weshalb ich gelassen mit der Fünf umgehen kann. Andere Schüler haben in mehreren Fächern diese Probleme. Die Eltern dieser Schüler regen sich seit fast einem Jahr auf, dass es an *einem* Fach oder *einem* Lehrer liegen kann, wenn Töchterchen oder Söhnchen wiederholen muss. Es liegt aber **nie** an nur einem Fach, schließlich bleibt man nur mit zwei Fünfen hängen. Und es liegt auch nicht an

Herrn Industrius, wenn unsere Kinder offensichtlich nicht in der Lage sind, mehr als nur zehn Minuten in der Woche für ein Fach zu lernen – entgegen ihren natürlichen Neigungen.

In diesem Fall erhitzen sich die Gemüter vieler Mütter und Väter, weil eben überdurchschnittlich viele Schüler schlechte Noten haben. In anderen Fällen (und Fächern) rebelliert nur eine Minderheit. Der Matheunterricht auf der Schule meines Sohnes ist durchaus anspruchsvoll. Klar, wir sind mathematisch-naturwissenschaftlich ausgerichtet. Trotzdem meinte die Mutter eines Schülers sich beschweren zu müssen, weil sich ihr Sohn immer langweile. Während alle anderen noch versuchen, den Stoff halbwegs zu begreifen, rechnet ihr Sohn Marvin immer schon die nächsten Aufgaben durch – manchmal auch im Kopf. Marvin ist sicher mathematisch überdurchschnittlich begabt, und das weiß bestimmt auch seine Mutter. Beschwert hat sie sich, weil Marvin in der langweiligen Zeit oft Blödsinn macht und im Mündlichen nur ein »Gut« bekam (die Endnote war trotzdem »sehr gut«). Außerdem sei der Unterricht zu anspruchslos (Durchschnitt auf dem letzten Zeugnis: 3,2). Da frage ich mich schon, ob die Leute sonst keine Probleme haben. Eine optimale Förderung erhält Marvin in der Klasse sicher nicht. Wenn er (oder seine Eltern) dies anstreben, muss er eine Hochbegabteneinrichtung besuchen. Mit allen Konsequenzen, die in diesem Fall zum Beispiel bedeuten würden, dass ein Internat besucht wird. Wenn nicht, muss er sich eben am Mittelfeld orientieren und sich manchmal langweilen. Es gibt sicher Schlimmeres!

In beiden Fällen schieben Eltern die Schuld auf die Lehrer oder die Schule, aber wenn *irgendetwas* oder *irgendjemand* Schuld hat, sind es die anderen Schüler, die das eigene Kind in der persönlichen Entwicklung behindern (so müssten es eigentlich die betroffenen Eltern sehen). Pädagoginnen und Pädagogen sollten sich weder an den leistungsstärksten noch an den leistungsschwächsten Schülern orientieren, sondern immer die Mitte im Blick behalten. Und dabei auch nicht die Anforderungen ihres Faches aus den Augen verlieren. Das ist unser Job!

Ähnlichkeiten bei den intellektuellen Voraussetzungen der Kinder wären traumhaft, ebenso wünschenswert finden die meisten Erziehenden, dass das »soziale Umfeld stimmt«. Und auch hier greift das Ähnlichkeitsmerkmal. Das heißt, dass die meisten deutschen Eltern von einer Schule träumen, die einen geringen Ausländeranteil aufweist. Warum? Weil viele (möglichst noch aus diversen Sprachfamilien stammende) Ausländer verhindern, dass die Kids ein hohes sprachliches Niveau erreichen. Die ausländischen Eltern wollen übrigens ihre Kinder auch nicht auf Schulen mit hohem Ausländeranteil schicken (aus denselben Gründen), erst recht wenn es sich um anderssprachige Ausländer handelt. Neben den sprachlichen Schwierigkeiten, die ein hoher Ausländeranteil mit sich bringt, vermuten besorgte Eltern anders geartete Erziehungsstile und zweifelhafte moralische Werte bei »den Fremdlingen«.

Ein weiterer Wunsch der Eltern betrifft das Bildungsniveau der anderen Erziehenden. Wenn Mutter und Vater Akademiker sind, soll ihr Kind nicht unter lauter Arbeiterkindern sitzen. Diese Feststellung mag altbacken oder gar überholt klingen, ist aber schlicht und einfach Realität an deutschen Schulen. Damit verbunden ist der Wunsch nach ähnlichen materiellen Voraussetzungen. Falls Familie Müller am Existenzminimum herumkrebst, wird sich ihr Sohn in einer Schule, in der sich nur Kinder reicher Eltern tummeln, verloren fühlen. Denn mit diesen »hard facts« sind oft unterschiedliche Erziehungsmethoden und Toleranzgrenzen verbunden.

In der Klasse meines Sohnes sitzen Kinder aus den unterschiedlichsten Elternhäusern: angefangen bei der Vielzahl an ausländischen Kindern (ein Koreaner, eine Französin, drei Türken, ein Kroate, zwei Russen, eine Engländerin und ein Chilene) bis hin zu den Bildungs- und Finanzunterschieden. Übrigens zeigen sich diese Unterschiede auch ganz deutlich im Erscheinungsbild und Auftreten der Eltern. Irgendwann hatte ich mich noch mal getraut, einen Elternabend zu besuchen, und siehe da: Das nächste traumatische Erlebnis stand bevor. In diesem Fall eine Diskussion über das soziale Verhalten der Siebtklässler. Nachdem die organisatorischen Tagesordnungspunkte abgehakt waren, meldete sich eine Mutter zu Wort, die mir schon zu Beginn aufgefallen war: lange, wallende, mit grauen Strähnen durchsetzte Haare, ebenso wallende, offenbar selbst gebatikte Bluse, weite rosafarbene Hose, Birkenstock-Fußbekleidung. Die gute Frau lehnte ganz offensichtlich die Verwendung von Kosmetika ebenso ab wie beengende Kleidung (wozu sie auch einen BH zählte). Nun gut, man soll sich ja nicht von Äußerlichkeiten zu Vorurteilen hinreißen lassen. Als die gute

Frau sich aber jetzt moralisch in Szene setzte, bediente sie wirklich alle Klischeevorstellungen, die ihr Äußeres nahelegten: ein herzzerreißender Monolog, mit leiser, weinerlicher Stimme vorgetragen, über die zunehmende Brutalität im Klassenzimmer. Sie beklagte sich, dass ihr »armer Sebastian« von den anderen Jungs immer geschubst und gehänselt würde. Ihre Kritik richtete sich sowohl gegen die Klassenlehrerin (die nichts unternahm) als auch gegen die Eltern der bösen Buben, die ihre Kinder so schlecht erzogen hatten. Wohlgemerkt: Es ging um »Schubsen« und nicht um »Verprügeln«. Dieses Schubsen fand auch nicht im Klassenzimmer statt, sondern auf dem Schulhof, sodass die Klassenlehrerin sowieso keinerlei Möglichkeit zum Eingreifen hatte. Als die Öko-Mama dies einsah, richtete sie ihre Empörung gegen die anwesenden Mütter der Jungs und nannte auch die Namen von zwei besonders bösen Buben. Sebastian fühle sich vor allem von Philipp und Mustafa in die Enge gedrängt. Lustigerweise entsprachen beide Mütter (auf unterschiedliche Weise) optisch dem Gegenteil der anklagenden Dame. Während Philipps Mama aussah wie »Püppi macht sich ausgehschön« (enge Jeans mit Goldstickerei, hohe Pumps, viel Goldschmuck inklusive sehr auffälliger Kreolen, ausgeschnittenes Top), konnte man von Mustafas Mama aufgrund der Unmengen von Stoff, die sie um sich rumdrapiert hatte, kaum etwas sehen. Die zwei reagierten auch sehr unterschiedlich: Mustafas Mutter, von der man ja außer ihren Augen nichts sah, offensichtlich gelassen, auf jeden Fall sprach sie kein einziges Wort (vielleicht hatte sie auch nichts verstanden?). Der Auftritt von Philipps Mutter jedoch war fast bühnenreif. Dass eine so zierliche, kleine Person in dieser Lautstärke so viele Wörter pro Minute hervorbringen kann, hatte ich nicht für möglich gehalten! Sie beschimpfte im Gegenzug Sebastians Mutter als »verklemmte Öko-Tussi«, die sich nicht wundern müsse, wenn ihr gestörter Sohn ab und zu »einen abbekäme«. Schließlich könnten die normalen Jungs mit den Gedichte lesenden Softis nichts anfangen, und die würden dann halt verarscht. Und ein bisschen Schubsen sei schließlich kein Weltuntergang. Die »Öko-Tussi« solle sich lieber mal fragen, ob sie ihrem Sohn einen Gefallen damit täte, ihm Computerspiele, Fernsehgucken und Sportspiele zu verbieten. Der arme Kerl müsse ja »einen an der Klatsche« haben, wenn er Geige lernen müsse und kein Haargel benutzen dürfe.

Hätte man Sebastians Mutter gefragt, welche Mitschülerinnen und Mitschüler sie sich für ihren Sohn wünsche, hätte sie ein Bild gezeichnet von sanften, auf Bildung bedachten, zum Gespräch bereiten, ernsten, nicht auf Äußerlichkeiten bedachten Jugendlichen.

Philipps Mutter dagegen würde mit Sicherheit den Spaßfaktor betonen; Jungs, mit denen ihr Sohn Spaß hat, und Dinge, die ihm Freude bereiten, werden schon O.K. sein. Sie kann mit Sicherheit nachvollziehen, dass Lernen nicht alles ist, dass man mal zu spät kommt oder dass mal was zu Bruch geht. Und Sensibelchen wie Sebastian findet sie sicher indiskutabel.

Was Mustafas Mutter denkt, entzieht sich völlig meiner Kenntnis. Da sie nicht spricht, kann man nur Vermutungen anstellen. Vielleicht ist es ihr einfach egal, wie die anderen Schüler so sind, Hauptsache, Mustafa kommt durch – und dafür muss er schon allein sorgen. Eine wahrlich weise Einstellung!

Zusammenfassend kann man sagen, dass für die meisten Eltern die Schülerklientel nicht ihren Wunschvorstellungen entspricht (die Elternklientel übrigens genauso wenig). Die Lehrerinnen und Lehrer entpuppen sich oft auch nicht als »Über-Pädagogen«. Schule – mit allem, das dazu gehört – bildet normales Leben ab und keinen Elfenbeinturm. Und deshalb ist es doch die beste Vorbereitung aufs Leben, auch mit unangenehmen, spaßfreien, langweiligen, unorganisierten, übermotivierten, streberhaften, arroganten, dummen oder paranoiden Menschen umzugehen. Schließlich begegnen wir diesen Typen immer wieder!

Schülerwünsche – was Schüler von Eltern und Lehrern erwarten

Als ich meinen Sohn und seine Freunde fragte, unter welchen Bedingungen ihnen Schule und Lernen Spaß mache, war ich doch erstaunt, mit welch einfachen Dingen man die Jugendlichen offenbar befriedigen und motivieren kann.

Schon auf meine anfangs polemisch geäußerte These, das Beste an der Schule seien Ferien und Freistunden, reagierten sie unerwartet. Zwar gaben sie zu, sich immer über schulfreie Zeiten zu freuen, aber alle fünf behaupteten auch, ständig frei zu haben sei auf Dauer langweilig. Bleibt zu hoffen, dass keiner der Jungs in Gefahr gerät, arbeitslos zu werden.

Das Wichtigste war allen, dass man keine Angst hat und nicht zu großem Druck ausgesetzt wird. Lehrer, die Angst und Schrecken verbreiten, seien »echt der Horror«. Auch wenn man selbst nicht betroffen ist. »Der blöde Platzeck (Sportlehrer) zwingt die Mädchen immer, über einen krass hohen Kasten zu springen. Er meckert so lange rum, bis die meisten auch springen – und viele tun sich dann scheiße weh, weil sie dagegen laufen. Ist doch echt asi!« Finde ich auch. Zu motivieren heißt jeden zu mehr Leistung zu bewegen, innerhalb des eigenen Vermögens. Wer Angst hat, blockiert und kann keine Leistung bringen.

Was im Sportunterricht nicht funktioniert, klappt auch in anderen Fächern nicht. Wer Schülern vermittelt, sie seien blöd, erreicht damit, dass sie genau diese Erwartung erfüllen. Wenn Melissa mehrfach von ihrer Mathelehrerin (und vielleicht auch noch von den Eltern) hört, sie sei offenbar mathematisch völlig unbegabt, glaubt sie das früher oder später wahrscheinlich selbst. Bei jeder Matheaufgabe suggeriert ihr Unterbewusstsein, dass sie Mathe nicht kann. Mit Angst und Unsicherheit setzt sie sich an ihre Aufgaben – und versagt. Und selbst wenn sie zu Hause noch alles verstanden hat, im Unterricht bei der Furcht einflößenden Lehrerin ist alles weg!

Doch nicht nur die Pädagogen verbreiten Angst und Schrecken – viele Mütter und Väter können das genauso gut! Die Jungs berichteten mir von Mitschülerinnen und Mitschülern, die bestraft werden, wenn sie keine guten Ergebnisse mit nach Hause bringen. Jungs, die bei einem »Befriedigend« Stubenarrest bekommen und diese Zeit zum Lernen nutzen müssen. Eine Mitschülerin, Janine, habe bei schlechten Noten immer »Wahnsinnsschiss«, überhaupt nach Hause zu gehen. Die Jungs wussten nicht, wie Janine bestraft wird, aber die Tatsache, dass sie bei schlechten Noten immer weint, veranlasste sie zu der Vermutung, Janine würde bestimmt verprügelt. Zwar kann es durchaus sein, dass das Mädel sich selbst unter Druck setzt, aber auch diese Haltung kommt letztendlich ja aus dem Elternhaus.

Lernen ohne Leistungsdruck ist die Devise der Schüler. Sie sind willens, sich Leistungsüberprüfungen zu stellen (und wollen diesen Vergleich sogar), aber niemand soll meckern, wenn es mal nicht so gut klappt. Eltern und Lehrer sollten nicht immer erwarten, dass man alles versteht. Vielmehr wollen Kinder und Jugendliche ein wenig Verständnis und Unterstützung, wenn es erforderlich ist. Also, liebe Eltern: Nicht einfach motzen, wenn die Englischarbeiten nur »ausreichend« sind. Hinsetzen und mit den Kids lernen – oder sich anderswo Hilfe holen! Und die Lehrer könnten den Schülern Hilfestellung geben, indem sie ihnen mitteilen, wie sie etwas verbessern können – statt immer nur auf die bislang unzureichende Leistung aufmerksam zu machen.

Wenn Angst- und Stressfreiheit, Verständnis und Unterstützung gegeben sind, ist das bereits die halbe Miete.

In meinem Gespräch mit den fünf 15-Jährigen lautete die nächste Forderung: Schule muss auch Spaß machen. Spaß macht sie aber nur dann, wenn Lehrerinnen und Lehrer auch locker sind, etwas Abwechslung in den Schulalltag bringen, auch mal etwas Ungewöhnliches machen, über sich selbst lachen können, eben cool sind.

Auf meine Frage, bei welchen Lehrerinnen und Lehrern das so sei, redeten alle wild durcheinander. Einig waren sie sich nicht, aber Gemeinsamkeiten »cooler Lehrer« gibt es schon.

Wichtigster Punkt: Abwechslung und Offenheit. Der früher schon erwähnte strenge Lateinlehrer (wir nannten ihn Herrn Industrius) ist aus zwei Gründen »eigentlich« ganz cool (das »eigentlich« muss sein, schließlich ist Herr Industrius erstens Lehrer, zweitens auch noch Lateinlehrer und drittens jemand, der schlechte Noten gibt): Er erzählt freimütig von privaten Dingen. Dass er in den Wald geht und den Vögeln lauscht, deren Stimmen er auch erkennt. Dass sein Vater sich mit ihm auf Latein unterhält. Dass er Pinguine sammelt – in allen Formen. Für uns mag sich das jetzt nicht so spannend anhören. Für Schüler mutiert der gestrenge Herr Industrius durch solche Erzählungen vom öden Lateinlehrer zum absonderlich-lustigen Menschen. Spätestens seit der Stunde, in der die Schüler die Vokabeln während eines Spaziergangs lernen sollten, weiß die Klasse: Lateinunterricht muss nicht trocken sein. Schließlich latschten mehrere Schüler – weil sie ins Buch guckten – in dicke Pfützen und wurden eben nass. Ob dieser Versuch des »naturnahen Lernens« pädagogisch sinnvoll ist, bleibt fraglich. Allein die Tatsache, dass Unterricht mal anders war, lässt die Schüler diesen Tag als lustig und spannend empfinden.

Die Chemiestunden finden die meisten Jungs sowieso immer lustig; klar, macht ja auch Spaß, wenn es zischt und brodelt und manchmal auch knallt. In irgendeiner Chemiestunde schaffte es ein Schüler, eine chemische Reaktion auszulösen, bei der Ketchup bis an die Decke spritzte: Die Stunde war natürlich das Highlight der Woche! Auch die Stunden, in denen es um Genussmittel ging, wurden von allen geliebt. Wenn man Bier brauen darf (das übrigens völlig ungenießbar war) oder Schokolade herstellt, dann im Anschluss noch das Schokoladenmuseum besucht, reagieren Schüler mit Interesse, Arbeitseifer und Dankbarkeit. Selbst wenn die ansonsten trockene Erdkundelehrerin Witze erzählt, die niemand lustig findet, honorieren die Kids allein den Versuch mit besonderem Eifer.

Auch die Eltern sollten versuchen, etwas Abwechslung in den Lernalltag zu bringen. Jeden Tag eine halbe Stunde Lateinvokabeln – zur gleichen Zeit, am gleichen Ort, in stetig gleicher Weise, das kann ja keinen Spaß machen. Unterstützende Eltern lernen nicht nur mit ihren Kids, sie gestalten auch die Aufgaben. Man kann englische Sätze schreiben, die alle falsch sind, und die Kids dürfen sie dann verbessern. Wenn die Regeln der Zeichensetzung gelernt werden müssen, macht es mehr Spaß, wenn die Sätze lustig sind. »Setze die fehlenden Kommas ein« – eine typische Deutschaufgabe. Wenn der Satz lautet: »Sobald Herr Industrius den Raum verlässt denkt er nur noch an Vögel deren Stimmen er als angenehmer empfindet als die sämtlicher Schüler«, macht das Lösen schon mehr Freude. Zugegeben: Solche Aufgaben zu erstellen erfordert etwas Zeit. Aber es lohnt sich, denn die Kids üben mit Begeisterung. Und wenn sie mal keine Lust haben: locker bleiben! Erzwingen kann man Lernen nicht, ab irgendeinem Punkt muss die Eigenmotivation einsetzen. Doch Kinder so zu erziehen, dass dies passiert, ist allein Aufgabe der Eltern!

Schülererwartungen sind eigentlich also nicht sehr hoch. Die Kids wollen etwas lernen und sind auch in den meisten Fällen bereit einzusehen, dass man dafür etwas tun muss. Sie erwarten lediglich, dass nicht zu viel Druck ausgeübt wird, dass sie ernst genommen werden, dass man ihnen bei Schwierigkeiten hilft und dass sie Menschen um sich herum haben, die sie verstehen und akzeptieren: an erster Stelle die Eltern, dann aber auch die Lehrer. Die Mitschülerinnen und Mitschüler dürfen durchaus anders gestrickt sein, Hauptsache, sie finden ein paar Gleichgesinnte in der Klasse. Es dürfte doch für uns alle eine der leichtesten Übungen sein, diese Erwartungen zu erfüllen.

Mir ist klar, dass es auch – gerade auf den anderen Schulformen – andere Schülertypen gibt. Doch die Frage bleibt, ob bei den Schülern, die völlig aufgegeben haben und mit nichts mehr zu motivieren sind, nicht in erster Linie die Eltern ihre Verantwortung nicht wahrgenommen haben. Meine Antwort dazu ahnen Sie sicher schon!

Lehrererwartungen – wie Eltern ihre Verantwortung wahrnehmen sollten

Kleine Vorbemerkung: Wir reden jetzt nicht über Lehrerinnen und Lehrer, die diesen Beruf ergriffen haben, weil sie lange Ferien haben wollten und weil sie aufgrund des Beamtenstatus eigentlich machen können, was sie wollen. Pädagogen, die sich nicht für ihre Kids einsetzen und denen ihre Bequemlichkeit über alles geht, schweigen wir tot. Natürlich gibt es diese Menschen in unserem Berufsstand, aber bei Ärzten, Politikern, Krankenschwestern, Erziehern, Psychologen, Sozialarbeitern und in anderen Berufen, die sich ebenfalls dem Menschen verschrieben haben, kommen diese »Luftpumpen« ebenfalls vor. Wir setzen einen Lehrertypus voraus, der das Beste für die Schüler will und dafür auch etwas tut. Dass Menschen, die das Beste für andere wollen, teilweise nicht das Richtige machen, ist logisch – das ist bei den erzieherischen Maßnahmen der Eltern auch nicht anders und nie vollkommen zu vermeiden.

Die Lehrer, die Kinder und Jugendliche optimal fördern wollen, wissen in aller Regel, dass sie dabei die Unterstützung der Eltern brauchen. Schließlich (ich weiß, ich wiederhole mich) liegt die pädagogische Hauptverantwortung bei den Müttern und Vätern.

Wer verantwortlich erziehen will, sollte einige grundlegende Regeln beherzigen. Das Interesse am eigenen Kind steht (wie schon in der Grundschule) auch später im Vordergrund. Wenn ich nicht weiß, mit wem meine Tochter befreundet ist, welche Fächer mein Sohn hat, wie die Lehrer heißen, welche Noten mein Kind schreibt, ob die Schüler wirklich frei haben, was gerade in Mathe besprochen wird oder welche Fächer Anlass zur Besorgnis sein könnten, darf ich auch nicht von verantwortungsbewusster Erziehung sprechen. Die Erziehungsverantwortung geht aber noch weiter. Spätestens wenn man merkt, dass Justin oder Renate nicht nur gute Noten schreiben, sollten Eltern das Gespräch mit dem Lehrer suchen. Im Idealfall kann man dann gemeinsam überlegen, welche Lern- und Erziehungsstrategien für die Schülerin oder den Schüler geeignet sind. Doch viele Eltern überlassen die Kids sich selbst, oft mit der Begründung, sie seien alt genug, allein die Verantwortung zu übernehmen. Haben die Süßen es erst mal in die Oberstufe geschafft, mag dieses Verhalten ja begründet sein. Doch bis die Jugendlichen die Irrungen und Wirrungen der Pubertät hinter sich gelassen haben (was in Einzelfällen auch erst nach dem Abitur der Fall sein kann), brauchen sie durchaus noch freundlich-fordernde Richtungsweisungen. Das bedeutet nicht, dass wir den Jugendlichen »befehlen« sollten, wann und wie viel sie lernen müssen. Aber eine interessierte Haltung gegenüber den Erfahrungen und Einstellungen des Kindes zeigt einem eigentlich schon, was sinnvoll sein könnte. Die meisten Jugendlichen wollen weder ein Schuljahr wiederholen noch die Schule verlassen müssen. Wenn man ihnen sachlich erklärt, dass sie mit einem bestimmten Verhalten aber in genau diese Gefahr geraten, suchen sie oft von sich aus nach praktikablen Lösungen. Und sind nicht böse, wenn die Eltern ein Gespräch mit dem Lehrer führen, der ja dann auch von ihrer Bereitschaft, »etwas zu tun«, erfährt.

Alle Lehrer können ein trauriges Lied davon singen, wie selten tatsächlich ein solches Gespräch geführt, geschweige denn gesucht wird. Zwar kommen viele Mütter (manchmal auch Väter) zu den Elternsprechtagen, aber oft nur deshalb, weil sie über die Leistungen informiert werden wollen. Die meisten geben sich also schon mit einer einseitigen Auskunft zufrieden. Da hätten sie nur ihre Tochter oder ihren Sohn fragen müssen. Manchmal wollen sie sich auch einfach beschweren, weil ihr Kind angeblich ungerecht behandelt wird. Als die Mutter von Gianni dem Lateinlehrer ihres (und auch meines Sohnes) vorwarf, er würde ihren Sohn benachteiligen, weil er auf dem Halbjahreszeugnis nur ein »Mangelhaft« bekam, konnte Herr Industrius vermutlich nur milde lächeln. Gianni, der eine 4 und eine 5 geschrieben hatte, bekam deshalb die schlechtere Note, weil er etliche Stunden geschwänzt hatte und seine mündliche Leistung auch wegen des häufigen Fehlens eben nicht mehr ausreichend war. Doch die Mutter reagierte pikiert und behauptete, die körperlich schlechte Konstitution ihres Sohnes würde ihm zum Vorwurf gemacht. Gianni würde **niemals** schwänzen, und deshalb sei die Note ungerecht!

Die Wünsche, die Lehrer bezüglich des elterlichen Verhaltens haben, sind nicht schwer zu erfüllen. Eltern sollten ihre Kinder einschätzen können und gesprächsbereit sein. Sie müssen ebenfalls bereit sein, ihre rosarote Brille abzunehmen und ihre Kids mit allen Fehlern und

Macken zu sehen. Das heißt dann auch, dass sie dem Lehrer einfach mal glauben, dass Kerstin im Unterricht ununterbrochen redet oder Sören nie die Hausaufgaben macht. Der nächste Schritt ist dann das Gespräch mit den Kids, die vielleicht alles abstreiten, vielleicht aber auch Einsicht zeigen und bereit sind, etwas zu ändern. Dabei wiederum brauchen sie die Unterstützung der Eltern, die – so langweilig das ist – auch mit den Kids üben oder eine andere Form der Unterstützung finden müssen.

Zählen wir also die für Eltern optimalen Fähigkeiten auf, so ergeben sich: Interesse, Gesprächsbereitschaft, Kritikfähigkeit, unterstützende Förderung, Toleranz und Empathie. Das sind die Eigenschaften, die Sie vermutlich auch bei einem Freund oder einer Freundin schätzen. Ebenso bereitwillig sollten wir diese Fähigkeiten in jede gute Beziehung einbringen, sei es eine Freundschaft oder eine familiäre Bindung. Kann doch eigentlich nicht so schwer sein. Warum fällt das so vielen Eltern aber offenbar so schwer?

Das Problem ergibt sich oft daraus, dass eine grundlegende Eigenschaft den Eltern abhanden gekommen ist: die Bereitschaft, Zeit zu investieren. Für alles Mögliche nehmen wir uns Zeit, für den Job, für den Sport, für die Freunde, für die Omas, für den Hund oder das Meerschweinchen, für den Klöppelkurs, für die Bildungsreise ... Die Kinder bleiben oft auf der Strecke, werden nur »grundversorgt« – auch wenn es immer wieder bestritten wird und schon gar nicht auf die eigenen Kinder zutrifft, ist klar! Sie haben zwar ein schönes Zuhause, und der Kühlschrank ist immer gefüllt, aber gemeinsame Abende, an denen ein Gespräch entstehen kann, gibt es kaum. Doch ohne Zeit füreinander können die geforderten Eigenschaften nicht umgesetzt werden und manifestieren sich als Gleichgültigkeit und Nachlässigkeit. Eltern, die gleichgültig und desinteressiert sind, haben nicht das geringste Recht, selbst den schlechtesten Lehrern (Stichwort »Luftpumpen«) etwas vorzuwerfen. Schließlich sind der Pädagoge und die Pädagogin emotional weiter entfernt vom Schüler und können (und sollten) auch nicht die emotionalen und sozialen Defizite der Erziehungsberechtigten ausgleichen!

Ein zweiter Mangel, der die Umsetzung der optimalen Förderung des Kindes verhindert, liegt in einer Schwachstelle der Eltern, die man leider nicht beheben kann: Die Rede ist von fehlender Intelligenz. Alle Lehrerinnen und Lehrer wünschen sich nicht nur engagierte, sondern auch kluge Eltern, die in der Lage sind, ihr Kind zu verstehen, den Lernstoff in Ansätzen zu begreifen und Zusammenhänge herzustellen. Die Erfahrung lehrt uns aber, dass nicht alle Eltern intelligent genug sind, Ursache und Wirkung zu unterscheiden (zum Beispiel bei schlechten Noten). Das ist zwar schade, aber nicht zu ändern. Ich spreche hier aus jahrelanger Erfahrung. Wir Lehrer kennen das schon, schließlich sitzen auch jede Menge unintelligente Schüler in unseren Klassen. Aber, liebe Kolleginnen und Kollegen, bevor Sie sich jetzt ins Fäustchen lachen: Auch im Lehrerkollegium sitzen Menschen, bei denen man sich fragt, wie um Himmels willen sie einen akademischen Abschluss erlangen konnten. Außerdem: Einen Doktortitel in Physik oder Philosophie zu besitzen ist kein Indiz für Intelligenz in allen Bereichen und erst recht kein Beweis für Lebensklugheit und emotionale Intelligenz. Und wenn Sie mich fragen, wer aus der Dreierkonstellation Lehrer–Schüler–Eltern am ehesten die Fähigkeit zu strukturiertem und logischem Denken mitbringen sollte, dann sind das ja wohl die Lehrer! Die Schülerinnen und Schüler sollten das intelligente Umgehen mit Stoffen (immer ihrer Begabung entsprechend) in der Schule lernen – und zwar von (den strukturierten und intelligenten) Lehrerinnen und Lehrern. Die Eltern hingegen müssen nur so klug sein, dass sie ihrer Verantwortung gerecht werden und sich Zeit nehmen, auf die Bedürfnisse ihrer Zöglinge zu achten. Sollten sie über intellektuelle Fähigkeiten verfügen, die darüber hinausgehen, haben sie einen Vorteil: Für den Fall, dass eine Lehrerin oder ein Lehrer nicht in der Lage ist, den Stoff verständlich zu vermitteln, können sie eingreifen und das Versäumnis in Eigenregie ausgleichen. Das ist dann zwar schön, aber in der Regel gar nicht notwendig (weil es gar nicht *so* viele unfähige Pädagogen gibt).

Im Klartext bedeutet das: Optimal fördernde Eltern interessieren sich für ihre Kinder, sprechen oft mit ihnen und hören auch wirklich zu, ergreifen die Initiative, wenn es Probleme gibt, bleiben aber dabei offen und gelassen. Diese Haltung besitzen sie nicht nur den Kindern, sondern auch den Lehrern (und, wenn wir schon dabei sind, allen anderen Menschen) gegenüber. Wer dies beherrscht, besitzt eine Lebensklugheit, die über Intelligenz und Bildung weit hinausgeht. Doch wenn Sie sich mal in Ihrem Bekanntenkreis umsehen, werden Sie vermutlich feststellen, dass diese Art von emotionaler Intelligenz vielen Menschen abgeht, unabhängig vom Alter und vom Beruf! Grund genug, die Sache ernst zu nehmen und sich selbst zu hinterfragen, bevor die anderen einen echten Grund zum Lästern bekommen.

Was Gymnasiasten bringen sollten

Viele Schülerinnen und Schüler verhalten sich in und um Schule anders als wir früher. Auf einem Gymnasium müssten sich eigentlich die klügsten, fleißigsten und eifrigsten Jungs und Mädels zusammenfinden. Die sich auch – ihrer Bildung entsprechend – adäquat verhalten. Das ist leider oft nicht der Fall. Die Schuld dafür kann man in den seltensten Fällen auf die Schüler abwälzen, vor allem wenn die Lernenden noch relativ jung sind. Vielmehr ist es die Aufgabe der Erwachsenen, den Kindern und Jugendlichen den richtigen Weg zu zeigen.

Bevor wir uns dem Traumschüler widmen (den es in der Realität natürlich eher selten gibt), wollen wir eine kleine Betrachtung der Schwächen unserer Gymnasiasten voranstellen. Das Fehlverhalten der Kids erstreckt sich dabei auf alle möglichen Bereiche in der Schule.

Selbst auf dem Gymnasium finden wir Schülerinnen und Schüler,
... die nichts (oder nur wenig) verstehen.

Gründe:
- Entweder sind sie nicht klug genug (ab auf die Real- oder Hauptschule), oder
- sie lernen zu wenig (zum Lernen zwingen, ansonsten ab auf die Real- oder Hauptschule).

Schuldige:
- Eltern, die nicht einsehen (wollen), dass ihr Kind nicht gymnasialgeeignet ist;
- Eltern, denen die Erledigung der schulischen Pflichten gleichgültig ist;
- überforderte, gestresste Mütter und Väter, die nicht wissen, wie sie ihr Kind zum Lernen motivieren können;
- Lehrerinnen und Lehrer, die Gnadennoten verteilen;
- gleichgültige Pädagogen, die die Leistungen der Schüler gar nicht erkennen;
- Lehrer, die Eltern (und Schülern) gegenüber nicht ehrlich sind;
- Direktoren, die – um auf die nötigen Schülerzahlen zu kommen – auch Schülerinnen und Schüler aufnehmen (oder mitschleifen), die letztendlich nur das Niveau senken.

Selbst auf dem Gymnasium finden wir Schülerinnen und Schüler,
... die nicht lernen.

Gründe:
- Entweder sind sie zu faul (wenn die Noten stimmen, Glück gehabt, wenn nicht, ab auf eine andere Schulform), oder
- sie haben nicht gelernt, wie man richtig lernt (schwaches Bild für alle Lehrer, die sie bislang unterrichtet haben).

Schuldige:
- Eltern, die ihr Kind für so intelligent halten, dass es nicht lernen muss;
- Mütter und Väter, die freie Entfaltung wichtiger finden als schulische Leistungen;
- Eltern, die von Anfang an ihr Kind beim Lernen allein gelassen haben;
- Eltern, die nie da sind;
- Lehrer, die keine Hausaufgaben überprüfen oder andere Leistungsfeststellungen vornehmen, die nie »abfragen« oder vergessen, was sie in der letzten Stunde gemacht haben;
- Lehrer, die den Kindern und Jugendlichen nicht verschiedene Lern- und Arbeitsmethoden erklären.

*Selbst auf dem Gymnasium finden wir
Schülerinnen und Schüler,
... die im Unterricht nicht aufpassen.*

Gründe:
- Entweder können sie sich nicht so lange konzentrieren beziehungsweise aufmerksam zuhören (ab auf die Hauptschule), oder
- der Unterricht ist grottenschlecht (Lehrer umschulen zum Gefängniswärter o. Ä.).

Schuldige:
- Eltern, die ihren Kindern erlauben, stundenlang vor dem Fernseher oder Computer zu sitzen;
- Familien, in denen nicht geredet (und nicht zugehört) wird;
- Mütter und Väter, die sich ständig streiten, trennen, trinken ..., sodass das Kind seelische Folgeschäden davonträgt;
- Lehrerinnen und Lehrer, die seit hundert Jahren denselben Stoff auf dieselbe Weise vermitteln, das heißt: immer dieselbe Methode einsetzen (Vortrag, Gruppenarbeit);
- Lehrer, die man nicht versteht (weil sie nuscheln, stottern, Sätze nicht zu Ende sprechen, Fremdwörter benutzen, überhaupt kaum Deutsch können ...).

Selbst auf dem Gymnasium finden wir Schülerinnen und Schüler,
... die den Unterricht massiv stören.

Gründe:
- Entweder sind die Schüler überfordert (ab auf die Hauptschule),
- unterfordert (ab auf eine Einrichtung für Hochbegabte),
- brauchen mehr Aufmerksamkeit als andere (sollen sie sich woanders holen), oder
- der Unterricht ist wirklich stinklangweilig (gemeinsam den Lehrer so lange quälen, bis er irgendeine psychosomatisch bedingte Krankheit bekommt – dauert meist nicht lange).

Schuldige:
- Eltern, die ihr Kind auf die falsche Schule schicken;
- Mütter und Väter, die ihren Sprösslingen alles durchgehen lassen;
- Eltern, die ihren Kindern alle Wünsche erfüllen;
- Lehrer, die Störungen im Unterricht ignorieren und durchgehen lassen;
- Lehrer, die lieblos oder gar nicht ihren Unterricht vorbereiten und ihn erst recht nicht der Lerngruppe anpassen.

Selbst auf dem Gymnasium finden wir Schülerinnen und Schüler,
... die sich nicht am Unterricht beteiligen.

Gründe:
- Sie sind gehemmt, schüchtern und ängstlich (zum Reden ermutigen – wenn nötig: zwingen – und das Selbstbewusstsein stärken), oder
- sie finden es »uncool«, sich zu beteiligen (mit schlechten Noten bestrafen – die sind auch »uncool«).

Schuldige:
- Eltern, die ihrer Tochter oder ihrem Sohn nicht das nötige Selbstbewusstsein mitgeben;
- Lehrerinnen und Lehrer, die immer nur dieselben Schüler »drannehmen« (oft die, die am lautesten schreien);
- Pädagogen, die offensichtlich nicht pädagogisch arbeiten können.

Selbst auf dem Gymnasium finden wir Schülerinnen und Schüler,
... die schriftlich versagen.

Gründe:
- Sie können nicht strukturiert denken und formulieren (ab auf die Hauptschule), oder
- sie hatten bislang nur schlechten Deutschunterricht (eine Prüfung für alle Deutschlehrer einführen und überprüfen, ob sie selbst der Rechtschreibung, Zeichensetzung, Grammatik und Stilistik mächtig sind – wenn nicht, sollen sie auf der Hauptschule unterrichten, da interessiert das kaum noch jemand).

Schuldige:
- Eltern, die völlig sprachunfähige Kinder aufs Gymnasium schicken;
- Mütter und Väter, die ihr Kind nicht zum Lesen ermuntern;
- Grundschullehrer, die dichterische Freiheit höher schätzen als orthografische Richtigkeit;
- Lehrer, die nicht jeden Fehler in einer Klassenarbeit verbessern lassen (auch wenn es ein Aufsatz ist);
- Gymnasiallehrer, die bestimmte grammatische Phänomene selbst nicht verstehen (die französische Deutschlehrerin meines Sohnes musste sich von den Jugendlichen die drei Konjunktivarten erklären lassen);
- Lehrer, die lieber lustige Spiele machen, als den Kindern langweilige Grammatikstunden zuzumuten.

Selbst auf dem Gymnasium finden wir Schülerinnen und Schüler,
... die die Schule schwänzen.

Gründe:
- Andere Dinge (schwimmen gehen, Bier trinken, Karten spielen, Leute verprügeln, klauen, Drogen verkaufen) machen ihnen mehr Spaß (wer zu viel fehlt, kann – wenn Unterricht stringent durchgezogen wird – nicht mithalten und bleibt sowieso hängen oder fliegt von der Schule), oder
- sie sind so unglücklich in der Klasse, dass sie flüchten (raus aus der Klasse eventuell auch weg von der Schule).

Schuldige:
- Eltern, die lieber Bier trinken und Karten spielen als arbeiten zu gehen;
- Mütter und Väter, die gar nicht mitbekommen, wenn ihr Sonnenschein morgens nicht aufsteht;
- Eltern, die »Warnhinweise« der Lehrer ignorieren oder für spießig halten;
- Pädagogen, die gar nicht mitbekommen, wann wer fehlt;
- Lehrer, die bei massiven Fehlzeiten von Schülern nicht das Gespräch suchen.

Selbst auf dem Gymnasium finden wir Schülerinnen und Schüler,
... die sich antisozial verhalten.

Gründe:
- Sie haben nie gelernt, sich sozial zu verhalten (schlechte Leistung aller am Erziehungsprozess Beteiligten, Vorschlag:
  1. ein Elternführerschein, d. h. nur bestimmte Menschen, die ein gewisses soziales Grundrepertoire besitzen, dürfen sich fortpflanzen und
  2. Lehrer, die nicht zum sozialen Miteinander im Unterricht anleiten können, werden umgeschult oder versetzt), oder
- sie haben keinen Bock auf soziales Verhalten (ab auf die Hauptschule, da sind sie in guter Gesellschaft).

Schuldige:
- Eltern, die Prügeln und Pöbeln als normal empfinden;
- Mütter und Väter, die ihre Kinder anleiten, alles alleine zu machen, und Teamarbeit unwichtig finden;
- Eltern, die selbst ihre Pflichten als Erziehende nicht ernst nehmen und auch von den Kindern keine Pflichterfüllung erwarten;
- Lehrer, die Gruppenarbeit nicht fördern und die Kids nicht ständig ermutigen, sich gegenseitig zu unterstützen;
- Pädagogen, die selbst nicht sozial agieren und antisoziales Verhalten im Unterricht nicht bestrafen.

*Selbst auf dem Gymnasium finden wir
Schülerinnen und Schüler,
... die Drogen nehmen.*

(Vorbemerkung: Es geht hier nicht um Jugendliche, die am Samstagabend mal ein Bier zu viel trinken, sondern um Schülerinnen und Schüler, deren Drogenkonsum Auswirkungen auf ihre schulischen Leistungen hat.)

Gründe:
- Sie sind wirklich drogenabhängig (ab in die Therapie), oder
- sie sind mit ihrer schulischen oder familiären Situation so unzufrieden, dass sie sie nur unter dem Einfluss von Rauschmitteln ertragen (raus aus der Klasse, weg von der Schule, Therapie mit den Eltern).

Schuldige:
- Eltern, die selbst abhängig sind (kann man dann von Schuld sprechen?);
- Eltern, die das Selbstwertgefühl ihrer Kinder nicht gestärkt oder sogar zerstört haben;
- Väter und Mütter, die nie auf die Bedürfnisse des Kindes geachtet haben;
- Lehrer, die glauben, ihr Job bestehe einzig in der Vermittlung von Lerninhalten;
- Pädagogen, die Angst und Unsicherheit verbreiten.

Nachdem wir jetzt ein solches Schreckensbild der Gymnasialschüler gezeichnet haben, kann man natürlich auch den Traumschüler (zumindest theoretisch) kreieren, wie ihn sich Lehrerinnen und Lehrer wünschen:

Der Traumgymnasiast ist intelligent und lernwillig, er beteiligt sich aktiv am Unterricht und ist in der Lage, seine Gedanken – mündlich und schriftlich – sprachlich angemessen und strukturiert wiederzugeben. Da dieser Wunschschüler zufrieden, ausgeglichen, interessiert und motiviert ist, folgt er nicht nur dem Unterricht, sondern liest aus eigener Initiative die spannenden Sachverhalte, die in der Schule besprochen wurden, nach. Mit dem nötigen Selbstbewusstsein ausgestattet lässt er andere bereitwillig an seinen Fähigkeiten partizipieren. Dieser Traumgymnasiast zweifelt nicht an seinen Fähigkeiten, sondern bezieht sein Selbstwertgefühl auch aus seinen schulischen Leistungen. Da ihn seine intellektuellen Erfolge und seine emotionalen Bindungen ständig bestätigen, braucht er keinerlei Ablenkungs- oder Verdrängungsmechanismen. Keinerlei Gefahr, psychosomatisch zu erkranken, drogenabhängig zu werden oder sich auch nur zu langweilen. Warum auch? Schließlich werden seine intellektuellen Bedürfnisse in der Schule gestillt, für die emotionale Bedürfnisbefriedigung bleiben die das Kind in jeder Weise fördernden Eltern zuständig und natürlich die Freunde, die alle – wie sollte es auf einem Gymnasium auch anders sein – von ähnlichem Typus sind: schlau, sozial, selbstbewusst, fleißig, engagiert, gebildet, tolerant, strukturiert, diskussionsbereit und kreativ.

Jedem von uns ist klar, dass dieser Typus des Traumschülers selten vorkommt. Doch auch Eltern und Lehrer verhalten sich oft alles andere als traumhaft, wunschgemäß oder vorbildlich. Der Unterschied besteht in der – dem Erwachsenen eigenen – Verantwortung. So kann jede Lehrerin und jeder Lehrer immer wieder feststellen, dass unseren Schülerinnen und Schülern einiges fehlt, um sie zu Idealkindern oder -jugendlichen zu machen. Aber diese kleinen Schwächen könnte jede Pädagogin und jeder Pädagoge locker ausgleichen, wenn viele Eltern nicht unentwegt gegen die Bedürfnisse ihrer Kids agieren würden.

(Die meisten) Lehrer können mit den Macken ihrer Schüler gut umgehen. Die Macken der Mütter und Väter auszugleichen überfordert allerdings ihr pädagogisches Bemühen und kann auch nicht zu ihrer Aufgabe werden. Alles, was Kindern nicht in der Familie beigebracht wird, wird aber unendlich schwieriger zu vermitteln. Und so lastet die Hauptverantwortung (und Hauptschuld) immer auf den Eltern.

Die Mütter und Väter, die gegen die unfähigen oder wenig engagierten Lehrer oder das schlechte Schulsystem wettern, sind oft genau die, die selbst nicht bereit sind, Zeit, Kraft und Energie in die Erziehung zu stecken.

Am Ende eines Kapitels über die Fehler der Schülerinnen und Schüler kann man festhalten: Ja, sie erfüllen viele Voraussetzungen nicht oder nur ungenügend, sie sind zu dumm, zu faul, zu oberflächlich oder zu unmotiviert. Darüber kann man sich aber nicht wirklich wundern; wenn die Eltern offenbar nicht als Vorbilder dienen oder korrigierend einzugreifen imstande sind, kann aus den genetisch und umfeldbezogen Vorbelasteten ja nichts werden. Da wundere ich mich eher, dass bei all diesen ichbezogenen, intoleranten und kommunikationsgestörten Müttern und Vätern die Kinder so gut geraten sind! Denn als einfühlsamer Lehrer schafft man es (fast schon erstaunlich) oft, Schüler zu fesseln und zu motivieren – im intellektuellen wie im sozialen Bereich.

Die logischen Schlussfolgerungen einer Lehrerin und Mutter heißen dementsprechend:

Prämisse 1: Es gibt schlechte Lehrer.
Prämisse 2: Es gibt schlechte Eltern.

Beide Missstände haben Auswirkungen auf die Schüler (die voraussichtlich auch schlecht werden). Entscheidend aber für die Gesamtentwicklung der Kinder ist das Verhalten der Eltern.

Fazit (noch einmal für alle zum Mitschreiben):

Alle am Erziehungsprozess Beteiligten haben eine Verantwortung.
Die größte Verantwortung besitzen die Mütter und Väter.
Wenn Kinder versagen, haben Eltern deshalb die größte Schuld!

Schlusswort:
Alles halb so schlimm!

Wenn Sie dieses Buch gelesen oder auch nur durchgeblättert haben, könnten Sie den Eindruck gewinnen, alle Eltern seien ichbezogene »Psychos«, die Kinder und Jugendlichen missratene, aufmüpfige, unfähige Hohlköpfe und die Lehrerinnen und Lehrer verantwortungslose, unmotivierte Arbeitsverweigerer. Doch wie ich eingangs schon bemerkte: Dieses Buch lebt von subjektiv gefärbten Übertreibungen, polemischen Unterstellungen und bösen Klischees. Nichtsdestotrotz gibt es die dargestellten Typen, allerdings oft nicht in Reinform und auch seltener, als man glaubt.

Vielleicht haben Sie ja einige Eigenschaften, die ich an Eltern so kritisiere, an sich selbst entdeckt? Vielleicht werden jugendliche Verhaltensweisen beschrieben, die Sie von Ihren eigenen Kindern kennen? Vielleicht lesen Sie als Lehrer dieses Buch und finden die von mir geschilderten Anforderungen an unseren Berufsstand völlig überzogen, weil Sie ihnen nicht entsprechen (wollen)?

Kein Grund, mit sich selbst zu hadern! Keiner von uns ist perfekt – auch nicht in den Rollen Mutter, Vater, Schüler, Lehrer. Bestimmte Grundvoraussetzungen sollte allerdings jeder von uns erfüllen, um als »gut« oder wenigstens »nicht schlecht« in den oben genannten Rollen zu gelten. Damit Sie abschließend überprüfen können, ob Sie diese Grundanforderungen erfüllen, folgen drei Fragebögen. Einer für Eltern, einer für Schüler und einer für Lehrer. Testen Sie sich also selbst oder Ihren Partner, Ihre Kinder, den Lehrer Ihrer Kinder oder Freunde und Bekannte.

Am Ende ist wahrscheinlich alles halb so schlimm.

Fragebogen für Eltern:

Erfülle ich die Voraussetzungen, eine verantwortungsvolle Mutter beziehungsweise ein guter Vater zu sein?
Nur »JA« und »NEIN« sind als Antworten zulässig!

	JA	NEIN
1. Wissen Sie, mit wem Ihr Kind seine Zeit verbringt, und kennen Sie auch die Namen der Freunde?	☐	☐
2. Sprechen Sie jeden Tag mindestens eine Stunde mit Ihrem Kind?	☐	☐
3. Lassen Sie Ihren Sohn oder Ihre Tochter entscheiden, ob beziehungsweise welche Sportart sie betreiben wollen?	☐	☐
4. Gefallen Ihnen einige Musik-CDs Ihres Kindes?	☐	☐
5. Machen Sie manchmal etwas Ihrem Kind zuliebe (zum Beispiel mit ihm ins Technikmuseum oder zum Reitturnier gehen)?	☐	☐
6. Darf Ihre Tochter oder Ihr Sohn selbst bestimmen, was sie oder er wann anzieht?	☐	☐
7. Kennen Sie Figuren aus Spongebob, den Simpsons oder den Dinos?	☐	☐
8. Gibt es Fernsehsendungen, die Sie gemeinsam mit Ihrem Kind anschauen?	☐	☐
9. Hören Sie Vokabeln ab, oder üben Sie anderweitig mit Ihrem Kind?	☐	☐
10. Treffen sich Ihr Kind und seine Freunde oft und gerne bei Ihnen zu Hause?	☐	☐

	JA	NEIN

11. Fällt Ihnen fast immer etwas ein, was Sie ihrem Kind zum Geburtstag schenken können (und über das sich Ihr Sohn oder Ihre Tochter auch freuen)? ☐ ☐
12. Nehmen Sie die meisten Mahlzeiten gemeinsam ein? ☐ ☐
13. Unternimmt Ihr Kind freiwillig etwas mit Ihnen? ☐ ☐
14. Hängen in Ihrem Schrank Klamotten, die ein Jugendlicher anziehen würde? ☐ ☐
15. Wenn Sie einer Unterhaltung unter Jugendlichen lauschen – verstehen Sie, worüber die Kids sprechen? ☐ ☐
16. Erkennen Sie Eminem, Tokio Hotel und Monrose? ☐ ☐
17. Wenn Sie jemand anguckt und bemerkt. »Voll fett« – ist Ihnen klar, dass dies keine Äußerung über eine eventuelle Gewichtszunahme, sondern vielmehr ein Kompliment sein soll? ☐ ☐
18. Ist es für Sie in Ordnung, wenn Sie nicht (immer) wissen, was Ihr Sohn und Ihre Tochter gerade machen? ☐ ☐
19. Sind Sie froh, nicht immer die Gedanken Ihres Kindes zu kennen? ☐ ☐
20. Kennen Sie die Fehler und Schwächen Ihres Sprösslings, und sehen Sie ein, dass Ihr Kind einige Dinge schlechter kann als andere? ☐ ☐

Jede »JA«-Antwort ist gut!

Auswertung:

Bei weniger als 10 »JA«-Antworten: siehe Seite 126

Bei 10 »JA«-Antworten ist alles im grünen Bereich: Sie sind wahrhaftig eine verantwortungsvolle, tolerante Mutter beziehungsweise ein aufgeschlossener, liebevoller Vater.

Bei 15 »JA«-Antworten beneiden wahrscheinlich alle Ihr Kind um das offene, lustige, dynamische Elternhaus.

Bei mehr als 15 »JA«-Antworten sind Sie entweder nicht berufstätig (sonst hätten Sie die Zeit nicht, sich so viel mit den Belangen der Kinder zu beschäftigen), oder Sie sind cooler als viele Mitschüler Ihres Kindes! Vielleicht wollen Sie aber auch einfach nicht erwachsen werden?!

Fragebogen für Jugendliche (frühestens ab dem 7. Schuljahr):

Erfülle ich die Voraussetzungen, ein guter Schüler zu sein?
Nur »JA« und »NEIN« sind als Antworten zulässig!

	JA	NEIN
1. Kannst du drei Sätze hintereinander sagen, die nicht »voll«, »äy« oder »Alter« enthalten?	☐	☐
2. Ist dir klar, dass nicht unbedingt die Lehrer an deinen schlechten Noten schuld sind?	☐	☐
3. Gibt es Unterrichtsfächer, die du magst?	☐	☐
4. Kennst du mehr Schriftsteller (oder Politiker) als Comic-Figuren?	☐	☐
5. Könntest du eine Woche lang ohne Unterhaltungsmedien (Fernsehen, Computer, Handy, Gameboy etc.) auskommen?	☐	☐
6. Machst du manchmal etwas deinen Eltern zuliebe?	☐	☐
7. Kannst du einfache Rechenaufgaben (zum Beispiel 7 x 14) ohne Taschenrechner lösen?	☐	☐
8. Schau dir die letzten von dir verfassten E-Mails an. Gibt es Mails, die keine Abkürzungen enthalten?	☐	☐
9. Schaffst du es, ein halbstündiges Gespräch mit deinen Freunden zu führen, ohne Schimpfwörter und Verunglimpfungen zu benutzen?	☐	☐
10. Kannst du zwei Stunden am Stück für die Schule lernen, ohne dass Musik oder gar der Fernseher läuft?	☐	☐

	JA	NEIN

11. Machst du deine Hausaufgaben in der Mehrzahl der Fälle zu Hause? ☐ ☐

12. Kennst du fünf Fremdwörter, die du richtig schreiben und erklären kannst? ☐ ☐

13. Weißt du, wer die Herren Beethoven, Goethe und Churchill waren? ☐ ☐

14. Hast du schon jemals freiwillig ein Museum besucht oder dir ein Theaterstück angesehen? ☐ ☐

15. Ist dir klar, dass es nicht nur einen bekannten Homer (Simpson) gibt? ☐ ☐

16. Leidest du unter höchstens einer psychosomatischen Erkrankung (Migräne, Schlaflosigkeit, Depression, Allergien …)? ☐ ☐

17. Findest du einige Rap-Songtexte peinlich, unangebracht, sexistisch? ☐ ☐

18. Hast du mehr als fünf Bücher gelesen (Schullektüre zählt nicht)? ☐ ☐

19. Findest du es unangebracht, Mitschüler zu schlagen, wenn sie dich nerven? ☐ ☐

20. Gesetzt den Fall, es gäbe keine Bestrafung: Würdest du weniger als fünf Lehrer verprügeln (lassen)? ☐ ☐

Jede »JA«-Antwort ist gut!

Auswertung:

Bei weniger als 10 »JA«-Antworten: siehe Seite 126

Bei 10 »JA«-Antworten ist alles im grünen Bereich: Du bist wahrhaftig ein Schüler, aus dem jeder Lehrer (oder die Eltern) etwas rausholen kann!

Bei 15 »JA«-Antworten würde dich wahrscheinlich jeder normale Mensch adoptieren wollen.

Bei mehr als 15 »JA«-Antworten bist du nicht nur ein wahnsinnig netter, sympathischer, offener, intelligenter Mensch, sondern wahrscheinlich gebildeter als viele deiner Lehrer!

Fragebogen für Lehrerinnen und Lehrer:

Erfüllen Sie die Voraussetzungen, ein guter Lehrer zu sein?
Nur »JA« und »NEIN« sind als Antworten zulässig!

	JA	NEIN
1. Sind Sie normalerweise weniger als eine Woche im Schuljahr krank?	☐	☐
2. Ist Ihnen klar, dass es an Ihrem Unterricht liegen kann, wenn kaum ein Schüler den Stoff versteht?	☐	☐
3. Kämen Sie nie auf die Idee, zu Ihren Schülern zu sagen: »Ihr könnt in dieser Stunde machen, was ihr wollt!«?	☐	☐
4. Geben Sie Klassenarbeiten normalerweise innerhalb von zwei Wochen zurück?	☐	☐
5. Kennen Sie bis zu den Herbstferien die Namen aller Schüler, die Sie unterrichten?	☐	☐
6. Vertrauen Ihnen einige Schüler private Sorgen und Ängste an?	☐	☐
7. Gibt es ehemalige Schüler, zu denen Sie noch Kontakt haben?	☐	☐
8. Geben Sie Ihren Schülern und den Eltern Ihre Telefonnummer und E-Mail-Adresse?	☐	☐
9. Machen Sie in jedem Schuljahr inhaltlich oder methodisch etwas anderes als im Vorjahr?	☐	☐
10. Wären Sie bereit, fachfremd zu unterrichten?	☐	☐

	JA	NEIN

11. Nutzen Sie die Ferienzeit auch für »schulische Dinge«? ☐ ☐

12. Kommen Sie manchmal aus einer Stunde und denken: »Das hat richtig Spaß gemacht mit den Schülern!«? ☐ ☐

13. Wissen Sie, welche Musik die Jugendlichen hören, welche Fernsehsendungen sie gucken, welche Idole sie haben? ☐ ☐

14. Initiieren und organisieren Sie Unternehmungen mit Schülern (Museums- oder Theaterbesuche, Klassen- oder Kursfahrten, Ausflüge)? ☐ ☐

15. Reden Schüler freiwillig mit Ihnen (zum Beispiel wenn Sie sie in der Stadt treffen)? ☐ ☐

16. Wissen Sie vor jeder Unterrichtsstunde, was Sie mit den Schülern machen wollen, und haben Sie diese Stunde auch vorbereitet? ☐ ☐

17. Wenn einer Ihrer Schüler sich sehr verändert oder auffällig verhält, unternehmen Sie dann etwas? ☐ ☐

18. Wissen Ihre Schüler mehr von Ihnen als Ihren Namen und Ihre Unterrichtsfächer? ☐ ☐

19. Beschimpfungen und Bloßstellungen von Schülern sind für Sie tabu? ☐ ☐

20. Wenn Sie Jugendlichen zuhören, finden Sie die Gespräche oft erheiternd und manchmal sogar anregend? ☐ ☐

Jede »JA«-Antwort ist gut!

Auswertung:

Bei weniger als 10 »JA«-Antworten: siehe Seite 126

Bei 10 »JA«-Antworten ist alles im grünen Bereich: Sie sind wahrhaftig ein Lehrer, bei dem Schüler sich wohl fühlen und auch etwas lernen.

Bei 15 »JA«-Antworten würden Ihre Schüler wahrscheinlich am liebsten viel mehr Zeit mit Ihnen verbringen, weil sie das Gefühl haben, dass Sie sie verstehen (besser als die Eltern). Der Lernerfolg der Schüler stellt sich schon deswegen ein, weil sie (auch) für *Sie* lernen!

Bei mehr als 15 »JA«-Antworten haben Sie entweder gemogelt, oder Sie leben wirklich in einer »jugendlichen Welt«, haben aber dafür vielleicht keine erwachsenen Freunde mehr?! Schüler finden Sie super, haben nicht nur bei Ihrem Unterricht Spaß, sondern ziehen Sie als Gesprächspartner oft Gleichaltrigen vor. Sie sind ein toller Lehrer, wahrscheinlich aber ein schlechter Partner und im Freundeskreis auch nur bei Leuten beliebt, die Ihre supersoziale Ader nachvollziehen können!

Bei weniger als 10 »JA«-Antworten (für Lehrer, Schüler und Eltern gleichermaßen):

Sie sind/Du bist ignorant, ungebildet, arrogant, uninteressiert, unbeliebt, egoistisch, verantwortungslos, spaßfrei, faul, phlegmatisch, verklemmt, lieblos, spießig, kommunikationsgestört, unsensibel, inaktiv, unflexibel, langweilig, launisch, unorganisiert, aggressiv, kontrollsüchtig, ungebildet, gemein, überheblich, humorlos, strukturlos, unsympathisch und/oder in irgendeiner Hinsicht (physisch/psychisch/intellektuell) zurückgeblieben.

Es ist wahrlich keine Freude, mit Ihnen/dir zusammen zu sein!

Sie nerven/Du nervst gewaltig: als Lehrer, als Schüler, als Mutter oder Vater! Vielleicht war es ein guter Entschluss, dieses Buch in die Hand zu nehmen und die eigenen Einstellungen kritisch zu überprüfen. Denn eine Veränderung ist dringend erforderlich!

Aber – die Hoffnung stirbt zuletzt: Auch bei einem so vernichtenden wie niederschmetternden Ergebnis gibt es immer noch die Chance, dass aus Ihnen/dir noch etwas wird. Und damit meine ich: etwas mehr als das Thema eines Lästerbuches! Ich wünsche es Ihnen/dir von Herzen – und mir natürlich auch.

»Zwei Dinge sind unendlich: das Universum und die menschliche Dummheit.«

Albert Einstein

Stefan Bonner/Anne Weis
GENERATION DOOF
Wie blöd sind wir eigentlich?
Sachbuch
352 Seiten
ISBN 978-3-404-60596-5

Deutschland ist eine Popshow. Unser Land scheint zu verblöden und ist sogar noch stolz drauf. Schüler und Studenten sind der deutschen Sprache nicht mehr mächtig, eine Karriere als TV-prämierter Popstar erscheint jungen Leuten verlockender als eine solide Ausbildung. Der Maßstab für Bildung beschränkt sich heutzutage auf den Fragenkatalog von Quizsendungen. Wie dumm sind die jungen Deutschen wirklich? GENERATION DOOF geht dieser Frage auf den Grund. Geschrieben von zwei Autoren, die die Generation Doof wie ihre eigene kennen. Denn es ist ihre eigene.

Bastei Lübbe Taschenbuch

WWW.LESEJURY.DE

WERDEN SIE LESEJURYMITGLIED!

Lesen Sie unter www.lesejury.de die exklusiven Leseproben ausgewählter Taschenbücher

Bewerten Sie die Bücher anhand der Leseproben

Gewinnen Sie tolle Überraschungen